"These faithful old (and new) translations bring the poetic playfulness of this vitally important writer into engaging English life, and they promise to keep us looking into the vitrines of his poems so intently that we might well find ourselves looking back out from them, at blank faces, once familiarly our own and now estranged, looking quizzically back at us."

—**Michael Thurston**, *The Massachusetts Review*

"Some people run the world, others are the world. Cortázar's poems are the world; they have a special consideration for the unknown."

—**Enrique Vila-Matas**, author of *The Illogic of Kassel*

"For those who have enjoyed Cortázar's fiction, among the most seminal and compelling of our time, here now are his wonderful poems. And for those who don't know Cortázar from a cat, it's a chance to visit his crepuscular world in all its multiple layers. A tender, experimental, humorous, meditative, jazzy, heart-breaking collection to be relished and savored slowly."

—**Ariel Dorfman**, author of *Feeding on Dreams: Confessions of an Unrepentant Exile*

"What a pleasure, this walk in a well-orchestrated park with shades as complex, as light & as dark, as multifoliate as the actual world! This book—the

envisioned—is an open invitation to make yourselves at home twixt sea and loss, wine & sorrow, birth & riptide, tobacco & talk, laughter & death. Nothing human is foreign to the poet—& he brings it home with great clarity & grace. The writing & the book embody a tradition of hospitality, or as Cortázar puts it: 'Hello little black book for the late hours, cats on the prowl under a paper moon.' The injunction to save twilight stands as title—it is also exactly what the writing accomplishes. Stephen Kessler's elegant, accurate, and sometimes felicitously *osé* translations do these poems more than justice."

—**Pierre Joris**, author of *Barzakh (Poems 2000-2012)*

"With this expanded edition of *Save Twilight*, Stephen Kessler continues his project, begun in the 1980s, of translating poetry by Julio Cortázar. Widely known for his fiction, especially *Hopscotch*, a seminal work of the Latin American Boom, Cortázar was also a compelling poet. Kessler has found just the right turns of phrase in English to capture the Argentine's deeply moving writing and exceptionally emotive language. What a gift this collection is for English-speaking readers."

—**Edith Grossman**, winner of the PEN/Ralph Manheim Medal for Translation

SAVE TWILIGHT

SAVE TWILIGHT

SELECTED POEMS OF
JULIO CORTÁZAR

Translated by Stephen Kessler
Pocket Poets Series Number 53

CITY LIGHTS BOOKS
San Francisco

Originally published as *Salvo el crepúsculo* by Editorial Nueva Imagen, S.A.,
Mexico City, 1984

Library of Congress Cataloging-in-Publication Data
Names: Cortázar, Julio, author. | Cortázar, Julio. Poems. Selections.
   English | Cortázar, Julio. Poems. Selections.
Title: Save twilight : selected poems / Julio Cortázar.
Description: San Francisco : City Lights Publishers, 2016. | Series: City
   Lights pocket poets series ; 53 | In English and Spanish.
Identifiers: LCCN 2016008225 | ISBN 9780872867093 (softcover)
Classification: LCC PQ7797.C7145 A2 2016 | DDC 861/.64—dc23
LC record available at https://lccn.loc.gov/2016008225

City Lights books are published at the City Lights Bookstore
261 Columbus Avenue, San Francisco, CA 94133
www.citylights.com

THIS TRANSLATION IS FOR

Barton Pokras

Livianamente hermano del destino

CONTENTS

PREFACE TO THE SECOND EDITION (2016)

In 1980, when Julio Cortázar came to California to teach at UC Berkeley for a semester, I met him at the home of the Chilean poet and novelist Fernando Alegría, then chair of Stanford's Spanish and Portuguese department and a writer with whom I had been working for several years as a translator. Julio and his second wife, Carol Dunlop, later came to visit me at my home in the Santa Cruz Mountains, and like virtually everyone else who knew him, I was charmed by his gentle personality and his unusual modesty and humility—especially for a writer so internationally famous and for a handsome man of such physical magnitude (he stood about six-foot-four).

Unlike most big-time writers I had met, Cortázar was not interested in being the center of attention. But he *was* interested in just about everything else: all kinds of music (he was an amateur jazz trumpeter), art ancient and modern, history, politics, movies, and other people and their creative pursuits. In the course of a leisurely conversation in Spanish, French and English (Julio's third and least-spoken language, though he worked as a professional translator and had done among other things a Spanish version of the complete tales of Edgar Allan Poe) I offered, if he were ever to need my services, to translate some of his poems. His major fictions

had been Englished most brilliantly by the great Gregory Rabassa (as well as by Suzanne Jill Levine), but Cortázar, like his fellow Argentine Jorge Luis Borges, thought of himself first as a poet, even though at that time virtually none of his verse had ever appeared in English.

While he was at Berkeley and in the few years following (he died in Paris in 1984) we stayed in touch from time to time through postal correspondence, and I even translated one of his stories for a Bay Area journal called *Soup*, but he never took me up on my offer to translate his poetry. It was only after his death, in 1985, that I discovered, in the Ministry of Culture in Managua, Nicaragua, where Julio had championed the Sandinista Revolution of those years, a copy of his collected poems, *Salvo el crepúsculo*. From that book over the next decade I made a representative selection that was published by City Lights in Lawrence Ferlinghetti's Pocket Poets Series in 1997 as *Save Twilight*.

In the course of preparing that manuscript for publication Ferlinghetti had clear ideas about the nature, size and scope of the edition. For purposes of space he decided some of the prose had to go, including the extraordinary essay "For Listening through Headphones," in which Cortázar explores his notion of a reader's intimate experience of poetry, as well as some of the longer poems and a few short ones, along with several parenthetical prose commentaries on Julio's (and his cats') process of selection in assembling his book. Lawrence wanted the Pocket Poets edition to be as tight and

portable as possible, and the resulting volume weighed in at a trim one hundred sixty-nine bilingual pages.

This new, expanded edition restores all the material cut from that first volume, and while even at this size the selection represents less than one-fourth of Cortázar's production as a poet—at least of those poems he chose to collect for print—the book you are holding contains the most generous gathering to date in English of verse (and related prose) by this most inventive and original writer. The author himself, in his tales and novels, tested the distinction between poetry and prose with his improvisational jazzlike prosody, riffing in rhythmic sentences as sensitively measured as his experiments in formal and "free" verse. What unifies his formally diverse writings is a personal voice that is unmistakably Julio's, and that is the voice I have tried to echo as faithfully as possible in these American English versions.

—STEPHEN KESSLER

PREFACE TO THE FIRST EDITION (1997)

Best known for his monumental novel *Hopscotch* and his masterly short prose fictions, Julio Cortázar was also a prolific poet. From his youth in Buenos Aires and his years as a teacher in the provinces of Argentina through his most productive decades as an expatriate in Paris, Cortázar wrote poetry continuously, but it was only in the last year of his life that he chose to assemble for publication what amounts to his collected poems. *Salvo el crepúsculo* appeared in Mexico soon after his death in 1984, a 339-page pocket paperback playfully illustrated with a variety of found graphics and including the author's amusing asides on the process of making his selection. As a book-kit, a literary game, a deck of poems to be shuffled and played at the reader's pleasure, the little tome is typical Cortázar.

Born in Brussels in 1914 to Argentinian parents, raised in Argentina and eventually, in the early 1950s, self-exiled to France, Cortázar maintained a love-hate relationship with his South American homeland, a mixture of emotions that surfaces often in his poetry. At the same time he was a citizen of the world, a traveler at home in various cultures and languages, a professional translator, an amateur jazz musician, a passionate student of art and music and film, a political activist in his later years (opponent of Argentina's ruling

generals and friend of the Nicaraguan revolution). He was also someone who—despite his fame as a superstar of international literature—endeared himself to those who knew him with his genuine humility, sweetness of spirit and all-around sense of astonishment. This blend of sophistication and simplicity is evident throughout his work as a poet.

The selection here attempts to represent the range of Cortázar's poetic accomplishment, from traditional verse to open forms, romantic lyrics to angry tirades, the surreal to the prosaic, the intimately autobiographical to the social-historical sides of his sensibility. As the author advises in a prefatory note to the original edition, the best approach is "don't begin, jump in wherever you can. No chronology, such a mixed pack that it's not worth the trouble." As for the diverse literary, artistic, musical, historical and political allusions— "Life," counsels Cortázar: "stick out your thumb . . . you catch a ride or you don't, the same goes for books as for roads." He had as much confidence in his cats' opinions as in the judgments of literary critics, and in gathering his work for posterity he favored his personal sentiments over any more objective standard of excellence. In choosing and translating these poems I've tried to follow his example.

—SK

ACKNOWLEDGMENTS

Some of these translations originally appeared in the following periodicals, whose editors are gratefully acknowledged: *Conjunctions, Exquisite Corpse, Hambone, The Literary Review, The Montserrat Review, Music & Literature, The New Yorker, Oxygen, Poetry Flash, Press,* and *El Templo.*

The translator also wishes to thank Carina Pons of the Carmen Balcells Literary Agency for her continuous encouragement and support; Jorgelina Corbatta of Wayne State University for her helpful review of the translations; Nathaniel Mackey and Geoffrey O'Brien for their illumination of a couple of esoteric allusions; Gavin Andersen and Katie Trostel for their proofreading of the Spanish texts; Elaine Katzenberger and Bob Sharrard of City Lights Publishers for their decision to restore the material in this expanded edition; Lawrence Ferlinghetti for his original acceptance of my book proposal and his rigorous negotiating as editor; and especially the late Aurora Bernárdez, Julio Cortázar's first wife and literary executor, for her patient and meticulous corrections and suggestions throughout the course of this project.

SALVO EL CREPÚSCULO

SAVE TWILIGHT

Este camino
ya nadie lo recorre
salvo el crepúsculo

This road
nobody's traveling it
save twilight

— BASHO

BILLET DOUX

Ayer he recibido una carta sobremanera.
Dice que «lo peor es la intolerable, la continua». Y es para
llorar, porque nos queremos, pero ahora se ve que el
amor iba adelante, con las manos gentilmente
para ocultar la hueca suma de nuestros pronombres.
En un papel demasiado.
En fin, en fin.
Tendré que contestarte, dulcísima penumbra, y decirte:
Buenos Aires, cuatro de noviembre de mil novecientos
cincuenta. Así es el tiempo, la muesca de la luna presa
en los almanaques, cuatro de.
Y se necesitaba tan poco para organizar el día en su justo
paso, la flor en su exacto linde, el encuentro en la
precisa.
Ahora bien, lo que se necesitaba.
Sigue a la vuelta, como una moneda, una alfombra, un irse.
(No se culpe a nadie de mi vida).

BILLET DOUX

Yesterday a letter came pushing-the-envelope.
It says that "the worst is the unbearable, the ongoing." And
    it's for crying over, since we love each other, but now
    one sees that love went on ahead, with its hands politely
to hide the hollow total of our pronouns.
On one paper too much.
Well, well.
I'll have to reply, my sweet penumbra, and tell you: Buenos
    Aires, fourth of November, nineteen fifty. That's what
    becomes of time, a notch of the moon imprisoned in the
    almanacs, fourth of.
And it took so little to arrange the day just so, the flower
    in exactly the right place, the encounter precisely.
All right, whatever it took.
Go on to the other side, like a coin, a carpet, a departure.
(My life is nobody's fault.)

PARA ESCUCHAR CON AUDÍFONOS

Un técnico me lo explicó, pero no comprendí mucho. Cuando se escucha un disco con audífonos (no todos los discos, pero sí justamente los que no deberían hacer eso), ocurre que en la fracción de segundo que precede al primer sonido se alcanza a percibir, debilísimamente, ese primer sonido que va a resonar un instante después con toda su fuerza. A veces uno no se da cuenta, pero cuando se está esperando un cuarteto de cuerdas o un madrigal o un *lied*, el casi imperceptible pre-eco no tiene nada de agradable. Un eco que se respete debe venir después, no antes, qué clase de eco es ése. Estoy escuchando las *Variaciones Reales* de Orlando Gibbons, y entre una y otra, justamente allí en esa breve noche de los oídos que se preparan a la nueva irrupción del sonido, un lejanísimo acorde o las primeras notas de la melodía se inscriben en una audición como microbiana, algo que nada tiene que ver con lo que va a empezar medio segundo después y que sin embargo es su parodia, su burla infinitesimal. Elizabeth Schumann va a cantar *Du bist die Ruh*, hay ese aire habitado de todo fondo de disco por perfecto que sea y que nos pone en un estado de tensa espera, de dedicación total a eso que va a empezar, y entonces desde el ultrafondo del silencio alcanzamos horriblemente a oír una voz de bacteria o de robot que inframínimamente canta *Du bist*, se

FOR LISTENING THROUGH HEADPHONES

A technician explained it to me, but I can't say I understood. When you listen to a record through headphones (not all records, but just exactly the ones that shouldn't do this), it happens that in the fraction of a second preceding the first sound one can perceive, extremely faintly, that first sound about to sound an instant later at full strength. Sometimes you don't even notice, but when you're waiting for a string quartet or a madrigal or a *lied*, the almost imperceptible pre-echo is really rather disagreeable. Any self-respecting echo ought to come after, not before, what kind of an echo is that. I'm listening to the *Royal Variations* of Orlando Gibbons, and just in between, precisely in that brief night of the ears as they get ready for the fresh irruption of sound, a chord far in the distance or the first notes of the melody inscribe themselves in a kind of microbial audition, which has nothing to do with what's about to begin a half-second later and which is nonetheless its parody, its infinitesimal mockery. Elizabeth Schumann is going to sing *Du bist die Ruh*, there's that customary air at the depths of the record in its perfection which puts us in a state of tense expectancy, of total dedication to what's about to begin, and just then from the ultradepths of silence we hear horribly some bacterial or robotic voice which inframinimally sings

5

corta, hay todavía una fracción de silencio, y la voz de la cantante surge con toda su fuerza, *Du bist die Ruh* de veras.

(El ejemplo es pésimo, porque antes de que la soprano empiece a cantar hay un preludio del piano, y son las dos o tres notas iniciales del piano las que nos llegan por esa vía subliminal de que hablo; pero como ya se habrá entendido (por compartido, supongo) lo que digo, no vale la pena cambiar el ejemplo por otro más atinado; pienso que esta enfermedad fonográfica es ya bien conocida y padecida por todos).

Mi amigo el técnico me explicó que este pre-eco, que hasta ese momento me había parecido inconcebible, era resultado de esas cosas que pasan cuando hay toda clase de circuitos, *feedbacks*, alimentación electrónica y otros vocabularios ad-hoc. Lo que yo entendía por pre-eco, y que en buena y sana lógica temporal me parecía imposible, resultó ser algo perfectamente comprensible para mi amigo, aunque yo seguí sin entenderlo y poco me importó. Una vez más un misterio era explicado, el de que *antes* de que usted empiece a cantar el disco contiene ya el comienzo de su canto, pero resulta que no es así, usted empezó a partir del silencio y el pre-eco no es más que un retardo mecánico que se pre-graba con relación a, etc. Lo que no impide que cuando en el negro y cóncavo universo de los audífonos estamos esperando el arranque de un cuarteto de Mozart, los cuatro grillitos que

Du bist, cuts off, there's another sliver of silence, then the singer's voice surges forth full force, the real *Du bist die Ruh*.

(It's a terrible example, because before the soprano begins to sing there's a piano prelude, and it's the first two or three piano notes that reach us through this subliminal channel I'm talking about; but as you'll have understood (because I presume you've shared the experience) what I'm saying, it's not worth the trouble to look for a better example; I think this phonographic sickness is well known and suffered by everyone.)

My friend the technician explained to me that this pre-echo, which until then had seemed to me inconceivable, was the result of those things that happen when there are all kinds of circuits, *feedbacks*, electronic loops and other ad-hoc vocabularies. What I understood as a pre-echo, and what in good sane temporal logic seemed to me impossible, turned out to be something perfectly comprehensible to my friend, though I still couldn't understand it and it hardly mattered. Once more a mystery was explained, how *before* you begin to sing the record already contains the beginning of your song, but it turns out it's not like that, you began from silence and the pre-echo is nothing more than a mechanical delay which is pre-recorded relative to, etc. Which doesn't keep us, when in the concave black universe of the headphones we're awaiting the start of a Mozart quartet and the four little

se mandan la instantánea parodia un décimo de segundo antes nos caen más bien atravesados, y nadie entiende cómo las compañías de discos no han resuelto un problema que no parece insoluble ni mucho menos a la luz de todo lo que sus técnicos llevan resuelto desde el día en que Thomas Alva Edison se acercó a la corneta y dijo, para siempre, *Mary had a little lamb*.

Si me acuerdo de esto (porque me fastidia cada vez que escucho uno de esos discos en que los pre-ecos son tan exasperantes como los ronroneos de Glenn Gould mientras toca el piano) es sobre todo porque en estos últimos años les he tomado un gran cariño a los audífonos. Me llegaron muy tarde, y durante mucho tiempo los creí un mero recurso ocasional, enclave momentáneo para librar a parientes o vecinos de mis preferencias en materia de Varèse, Nono, Lutoslavski o Cat Anderson, músicos más bien resonantes después de las diez de la noche. Y hay que decir que al principio el mero hecho de calzármelos en las orejas me molestaba, me ofendía; el aro ciñendo la cabeza, el cable enredándose en los hombros y los brazos, no poder ir a buscar un trago, sentirse bruscamente tan aislado del exterior, envuelto en un silencio fosforescente que no es el silencio de las casas y las cosas.

Nunca se sabe cuándo se dan los grandes saltos; de golpe me gustó escuchar jazz y música de cámara con los audífo-

crickets deliver their instant parody a tenth of a second beforehand, from feeling kind of violated, and nobody can understand how the record companies haven't solved a problem that doesn't seem insoluble especially in light of everything their technicians have figured out since the day when Thomas Alva Edison placed his lips close to the horn and said, for all time, *Mary had a little lamb*.

If I think of this (because it annoys me every time I listen to one of those records where the pre-echoes are as exasperating as Glenn Gould's purring when he plays the piano) it's mainly because in these last few years I've taken a great liking to headphones. I discovered them quite late, and for a long time I thought them merely an occasional recourse, a momentary trick to spare my relations or neighbors my preferences for the work of Varèse, Nono, Lutoslavski or Cat Anderson, musicians who sound better after ten at night. And I must say that at first the mere fact of putting something over my ears bothered me, offended me; the hoop squeezing my head, the cord getting tangled around my arms and shoulders, not being able to go get a drink, feeling suddenly so isolated from the outside, wrapped in a phosphorescent silence which is not the silence of places and spaces.

You never know when the great leaps are going to happen; all of a sudden I liked listening to jazz and chamber

nos. Hasta ese momento había tenido una alta idea de mis altoparlantes Rogers, adquiridos en Londres después de una sabihonda disertación de un empleado de Imhof que me había vendido un Beomaster pero no le gustaban los altoparlantes de esa marca (tenía razón), pero ahora empecé a darme cuenta de que el sonido abierto era menos perfecto, menos sutil que su paso directo del audífono al oído. Incluso lo malo, es decir el pre-eco en algunos discos, probaba una acuidad más extrema de la reproducción sonora; ya no me molestaba el leve peso en la cabeza, la prisón psicológica y los eventuales enredos del cable.

Me acordé de los lejanísimos tiempos en que asistí al nacimiento de la radio en la Argentina, de los primeros receptores con piedra de galena y lo que llamábamos "teléfonos", no demasiado diferentes de los audífonos actuales salvo el peso. También en materia de radio los primeros altoparlantes eran menos fieles que los "teléfonos", aunque no tardaron en eliminarlos totalmente porque no se podía pretender que toda la familia escuchara el partido de fútbol con otros tantos artefactos en la cabeza. Quién iba a decirnos que sesenta años más tarde los audífonos volverían a imponerse en el mundo del disco, y que de paso—*horresco referens*—servirían para escuchar radio en su forma más estúpida y alienante como nos es dado presenciar en las calles y las plazas donde gentes nos pasan al lado como zombies desde una dimensión diferente y hostil, burbujas de

music through headphones. Until then I'd had a lofty idea of my Rogers loudspeakers, acquired in London after a know-it-all dissertation by an Imhoff salesman who'd sold me a Beomaster but didn't like the speakers of that brand (he was right), but now I began to realize that the open sound was less perfect, less subtle than its direct passage from head-phone into the ear. Bad part included, I mean the pre-echo on some records, I sensed a finer sharpness in the sound reproduction; I was no longer bothered by the slight weight on my head, the psychological prison and the inevitable entanglements of the cord.

I was reminded of those faraway days when I witnessed the birth of radio in Argentina, the first lead sulphide receivers that we called "telephones," not so different from our current headphones except for the weight. Also where radio was concerned the first speakers were less faithful than the "telephones," even though they didn't waste any time elimi-nating them completely because the whole family couldn't try to listen to a soccer match with however many other sets on their heads. Who could have told us that sixty years later those headsets would return to take their place in the world of the phonograph record, and from there—*horresco referens*—they would serve for listening to the radio in its most stupid and alienating form as we can see in the streets and squares where people pass right by us like zombies from some dif-ferent and hostile dimension, embubbled in contempt or

desprecio o rencor o simplemente idiotez o moda y por ahí, andá a saber, uno que otro justificadamente separado del montón, no juzgable, no culpable.

Nomenclaturas acaso significativas: los altavoces también se llaman altoparlantes en español, y los idiomas que conozco se sirven de la misma imagen: *loudspeaker, haut-parleur*. En cambio los audífonos, que entre nosotros empezaron por llamarse "teléfonos" y después "auriculares", llegan al inglés bajo la forma de *earphones* y al francés como *casques d'écoute*. Hay algo más sutil y refinado en estas vacilaciones y variantes; basta advertir que en el caso de los altavoces, se tiende a centrar su función en la palabra más que en la música (parlante/speaker/parleur), mientras que los audífonos tienen un espectro semántico más amplio, son el término más sofisticado de la reproducción sonora.

Me fascina que la mujer que está a mi lado escuche discos con audífonos, que su rostro refleje sin que ella lo sepa todo lo que está sucediendo en esa pequeña noche interior, en esa intimidad total de la música y sus oídos. Si también yo estoy escuchando, las reacciones que veo en su boca o sus ojos son explicables, pero cuando sólo ella lo hace hay algo de fascinante en esos pasajes, esas transformaciones instantáneas de la expresión, esos leves gestos de las manos que convierten ritmos y sonidos en movimientos gestuales, música en teatro, melodía en escultura animada. Por momen-

spite or simply idiocy or fashion and that way, see for your-
self, justifiably split off from the crowd, beyond judgment,
not guilty.

Nomenclatures possibly of some significance: speakers
are also called *altoparlantes* in Spanish, and the other idioms I
know make use of the same image: *loudspeaker, haut-parleur.*
On the other hand *audífonos,* which started out in Spanish
being called "teléfonos" and later "auriculares," arrive in
English as *earphones* and in French as *casques d'ecoute.* There's
something more subtle and refined in these changes and
variations; suffice to point out in the case of speakers that
the term tends to center its function on the word more than
on music (*parlante,* speaker, *parleur*), while headphones
inhabit a broader semantic spectrum, they're a more sophis-
ticated term to suit the reproduction of sound.

It fascinates me that the woman at my side may be listen-
ing to records through headphones, that her face may reflect
without her knowing it everything that is happening in that
small interior night, in that total intimacy between the music
and her ears. If I'm also listening, the reactions I see in her
mouth or her eyes are explicable, but when she's doing it
alone there's something fascinating in those passages, those
instantaneous transformations of expression, those light
hand strokes which convert rhythms and sounds into ges-
tural movements, music into theater, melody into animated

13

tos me olvido de la realidad, y los audífonos en su cabeza me parecen los electrodos de un nuevo Frankenstein llevando la chispa vital a una imagen de cera, animándola poco a poco, haciéndola salir de la inmovilidad con que creemos escuchar la música y que no es tal para un observador exterior. Ese rostro de mujer se vuelve una luna reflejando la luz ajena, luz cambiante que hace pasar por sus valles y sus colinas un incesante juego de matices, de velos, de ligeras sonrisas o de breves lluvias de tristeza. Luna de la música, última consecuencia erótica de un remoto, complejo proceso casi inconcebible.

¿Casi inconcebible? Escucho desde los audífonos la grabación de un cuarteto de Bartók, y siento desde lo más hondo un puro contacto con esa música que se cumple en su tiempo propio y simultáneamente en el mío. Pero después, pensando en el disco que duerme ya en su estante junto con tantos otros, empiezo a imaginar decursos, puentes, etapas, y es el vértigo frente a ese proceso cuyo término he sido una vez más hace unos minutos. Imposible describirlo—o meramente seguirlo—en todos sus pasos, pero acaso se pueden ver las eminencias, los picos del complejísimo gráfico. Principia por un músico húngaro que inventa, transmuta y comunica una estructura sonora bajo la forma de un cuarteto de cuerdas. A través de mecanismos sensoriales y estéticos, y de la técnica de su transcripción inteligible, esa estructura se cifra en el papel pentagramado que un día será leído y

14

sculpture. For a few moments I forget reality, and the head-phones on her head look to me like the electrodes of a new kind of Frankenstein whose waxen visage is given the spark of life, animating her little by little, making her leave the motionlessness in which we think we listen to music but which isn't that way at all to an outside observer. The woman's face becomes a moon reflecting the distant light, a changing light that throws across her valleys and hills a ceaseless play of shades, of veils, of subtle smiles or brief showers of sadness. A moon of music, ultimate erotic conse-quence of a remote, complex, almost inconceivable process.

Almost inconceivable? I listen through headphones to the recording of a Bartók quartet, and I feel from the deepest part of me a pure connection with that music fulfilling itself in its own time and simultaneously in mine. But later, think-ing about the record now asleep on its shelf with so many others, I begin to imagine movements, bridges, stages, and it's vertigo facing the process whose terminus I've been once again just a few minutes before. It's impossible to describe—or even to follow—in all its phases, but maybe you can see the high points, the peaks of an incredibly complex graph. It begins with a Hungarian musician who invents, trans-mutes and communicates a sonic structure in the form of a string quartet. By means of sensory and esthetic mecha-nisms, and by the technique of its intelligible transcription, that structure is encoded on a piece of sheet music which

escogido por cuatro instrumentistas; operando a la inversa el proceso de creación, estos músicos transmutarán los signos de la partitura en materia sonora. A partir de ese retorno a la fuente original, el camino se proyectará hacia adelante; múltiples fenómenos físicos nacidos de violines y violoncellos convertirán los signos musicales en elementos acústicos que serán captados por un micrófono y transformados en impulsos eléctricos; estos serán a su vez convertidos en vibraciones mecánicas que impresionarán una placa fonográfica de la que saldrá el disco que ahora duerme en su estante. Por su parte el disco ha sido objeto de una lectura mecánica, provocando las vibraciones de un diamante en el surco (ese momento es el más prodigioso en el plano material, el más inconcebible en términos no científicos), y entra ahora en juego un sistema electrónico de traducción de los impulsos a señales acústicas, su devolución al campo del sonido a través de altavoces o de audífonos más allá de los cuales los oídos están esperando en su condición de micrófonos para a su vez comunicar los signos sonoros a un laboratorio central del que en el fondo no tenemos la mejor idea útil, pero que hace media hora me ha dado el cuarteto de Béla Bartók en el otro vertiginoso extremo de ese recorrido que a pocos se les ocurre imaginar mientras escuchan discos como si fuera la cosa más sencilla de este mundo.

Cuando entro en mi audífono,
cuando las manos lo calzan en la cabeza con cuidado

one day will be read and selected by four instrumentalists; operating through the inverse process of creation, these musicians will transmute the signs of the score into sound. From that return to the original source, the path is projected forward; multiple physical phenomena born of violins and cellos will convert those musical signs into acoustic elements which will be captured by a microphone and transformed into electrical impulses; these in turn will be converted into mechanical vibrations which will be impressed on a phonographic plate from which will emerge the record that is now asleep on its shelf. For its part the record has been the object of a mechanical decoding, provoking vibrations from a diamond in its groove (which is the most prodigious moment on the material plane, the most inconceivable in nonscientific terms), and now an electronic system of translation of those impulses and acoustical signals comes into play, its return to the field of sound by way of loudspeakers or headphones beyond which ears are waiting in their microphonic condition to communicate in turn the sonic signals to a central laboratory of which deep down we don't have the slightest useful idea, but which half an hour ago gave me the Béla Bartók quartet at the other vertiginous extreme of that trip which it occurs to hardly anyone to imagine while they listen to records as if it were the simplest thing in the world.

When I go into my headphones,
when my hands slip them onto my head so carefully

porque tengo una cabeza delicada
y además y sobre todo los audífonos son delicados,
es curioso que la impresión sea la contraria,
soy yo el que entra en mi audífono, el que asoma la cabeza
a una noche diferente, a una oscuridad otra.
Afuera nada parece haber cambiado, el salón con sus
    lámparas,
Carol que lee un libro de Virginia Woolf en el sillón de
    enfrente,
los cigarrillos, Flanelle que juega con una pelota de papel,
lo mismo, lo de ahí, lo nuestro, una noche más,

y ya nada es lo mismo porque el silencio del afuera
    amortiguado
por los aros de caucho que las manos ajustan
cede a un silencio diferente,
un silencio interior, el planetario flotante de la sangre,
la caverna del cráneo, los oídos abriéndose a otra escucha,
y apenas puesto el disco ese silencio como de viva espera,
un terciopelo de silencio, un tacto de silencio, algo que tiene
de flotación intergaláxica, de música de esferas, un silencio
que es un jadeo silencio, un silencioso frote de grillos
    estelares,

because I have a sensitive head
and besides and above all headphones are sensitive,
it's curious how the impression may be the opposite,
I'm the one entering my headphones, the one who's putting
    his head
into a different night, another kind of darkness.
Outwardly nothing appears to have changed, the room with
    its lamps,
Carol reading a book by Virginia Woolf in the armchair in
    front of me,
the cigarettes, Flanelle who's playing with a ball of paper,
the same as ever, what's right there, what's ours, another
    night,

and now nothing's the same because the outer silence
    muffled
by the rubber rings my hands adjust
gives way to a different silence,
an interior silence, the floating planetarium of the blood,
the cavern of the skull, the ears opening up to another
    listening,
and the record barely in place with that silence like living
    expectation,
a velvety silence, a tactile silence, something that has the
    feel
of intergalactic flotation, of music of the spheres, a silence
that is a panting silence, a silent whirring of cosmic crickets,

una concentración de espera (apenas dos, cuatro segundos),
    ya la aguja
corre por el silencio previo y lo concentra
en una felpa negra (a veces roja o verde), un silencio fosfeno
hasta que estalla la primera nota o un acorde
también adentro, de mi lado, la música en el centro del
    cráneo de cristal
que vi en el British Museum, que contenía el cosmos
    centelleante
en lo más hondo de la transparencia, así
la música no viene del audífono, es como si surgiera de mí
    mismo, soy mi oyente,
espacio puro en el que late el ritmo
y urde la melodía su progresiva telaraña en pleno centro de
    la gruta negra.

Cómo no pensar, después, que de alguna manera la poesía
es una palabra que se escucha con audífonos invisibles ape-
nas el poema comienza a ejercer su encantamiento. Podemos
abstraernos con un cuento o una novela, vivirlos en un plano
que es más suyo que nuestro en el tiempo de lectura, pero el
sistema de comunicación se mantiene ligado al de la vida
circundante, la información sigue siendo información por
más estética, elíptica, simbólica que se vuelva. En cambio el
poema *comunica el poema*, y no quiere ni puede comunicar otra
cosa. Su razón de nacer y de ser lo vuelve interiorización de

a concentrated waiting (perhaps two, four seconds), now the
   needle
runs through the former silence and focuses it
in a black plush (sometimes red or green), a phosphene
   silence
until the first note or chord explodes
also inside, in me, the music in the center of the glass skull
I saw in the British Museum, which contained the shimmering
   cosmos
in the depths of its transparency, so
the music doesn't come from the headphones, it's as if it
   surged out of my self, I'm my own listener,
pure space where the rhythm runs
and the melody weaves its progressive web full in the center
   of the black cavern.

How not to think, then, that somehow poetry is a word
heard through invisible headphones as soon as the poem
begins to work its spell. We can become abstracted in a story
or a novel, living them on a level more theirs than ours as
long as we're reading, but the system of communication
remains linked to the surrounding life, the information keeps
on being information however esthetic, elliptical, symbolic
it becomes. In contrast the poem *communicates the poem*, and it
doesn't try to nor can it communicate anything else. Its rea-
son for coming into existence and for being turns it into the

una interioridad, exactamente como los audífonos que eliminan el puente de fuera hacia adentro y viceversa para crear un estado exclusivamente interno, presencia y vivencia de la música que parece venir desde lo hondo de la caverna negra.

Nadie lo vio mejor que Rainer Maria Rilke en el primero de los sonetos a Orfeo:

> O Orpheus singt! o Hoher Baum im Ohr!
> Orfeo canta. ¡Oh, alto árbol en el oído!

Arbol interior: la primera maraña instantánea de un cuarteto de Brahms o de Lutoslavski, dándose en todo su follaje. Y Rilke cerrará su soneto con una imagen que acendra esa certidumbre de creación interior, cuando intuye por qué las fieras acuden al canto del dios, y dice a Orfeo:

> da schufst du ihnen Tempel im Gehör
> y les alzaste un templo en el oído.

Orfeo es la música, no el poema, pero los audífonos catalizan esas "similitudes amigas" de que hablaba Valéry. Si audífonos materiales hacen llegar la música desde adentro, el poema es en sí mismo un audífono del verbo; sus impulsos pasan de la palabra impresa a los ojos y desde ahí alzan el altísimo árbol en el oído interior.

interiorization of an interiority, exactly like headphones, which eliminate the bridge from outside to inside and vice versa in order to create a state exclusively internal, the presence and experience of music which seems to come from the depths of the black cavern.

No one saw it better than Rainer Maria Rilke in the first of the Sonnets to Orpheus:

> *O Orpheus singt! o Hoher Baum im Ohr!*
> Orpheus sings. Oh towering tree in the ear!

Interior tree: the first instantaneous thicket of a Brahms or Lutoslavski quartet, bursting forth in all its foliage. And Rilke will close his sonnet with an image which refines that certitude of interior creation, when he intuits why the wild animals respond to the song of the god, and says to Orpheus:

> *da schufst du ihnen Tempel im Gehor*
> and you built them a temple in their ears.

Orpheus is music, not poetry, but headphones catalyze those "friendly similitudes" Valéry spoke of. If material headphones let music arrive from within, the poem itself is a verbal headphone; its impulses pass from the printed word to the eyes and from there raise a mighty tree in the inward ear.

PARA LEER EN FORMA INTERROGATIVA

Has visto
verdaderamente has visto
la nieve los astros los pasos afelpados de la brisa
Has tocado
de verdad has tocado
el plato el pan la cara de esa mujer que tanto
    amás
Has vivido
como un golpe en la frente
el instante el jadeo la caída la fuga
Has sabido
con cada poro de la piel sabido
que tus ojos tus manos tu sexo tu blando corazón
había que tirarlos
había que llorarlos
había que inventarlos otra vez.

TO BE READ IN THE INTERROGATIVE

Have you seen
have you truly seen
the snow the stars the felt steps of the breeze
Have you touched
really have you touched
the plate the bread the face of that woman you love
    so much
Have you lived
like a blow to the head
the flash the gasp the fall the flight
Have you known
known in every pore of your skin
how your eyes your hands your sex your soft heart
must be thrown away
must be wept away
must be invented all over again

EL NIÑO BUENO

No sabré desatarme los zapatos y dejar que la ciudad me
    muerda los pies,
no me emborracharé bajo los puentes, no cometeré faltas
    de estilo.
Acepto este destino de camisas planchadas,
llego a tiempo a los cines, cedo mi asiento a las señoras.
El largo desarreglo de los sentidos me va mal, opto
por el dentífrico y las toallas. Me vacuno.
Mira qué pobre amante, incapaz de meterse en una
    fuente
para traerte un pescadito rojo
bajo la rabia de gendarmes y niñeras.

THE GOOD BOY

I'll never learn how to take off my shoes and let the city
    bite my feet,
I won't get drunk under bridges, I won't make mistakes
    of style.
I accept this destiny of ironed shirts,
I get to the movies on time, I give up my seat to old ladies.
Extended derangement of the senses makes me sick, I prefer
toothpaste and towels. I have my vaccinations.
Look at this lousy lover, incapable of jumping into a
    fountain
to catch you a little red fish
in front of the outraged eyes of cops and nannies.

UNA CARTA DE AMOR

Todo lo que de vos quisiera
es tan poco en el fondo

porque en el fondo es todo

como un perro que pasa, una colina,
esas cosas de nada, cotidianas,
espiga y cabellera y dos terrones,
el olor de tu cuerpo,
lo que decís de cualquier cosa,
conmigo o contra mía,

todo eso que es tan poco
yo lo quiero de vos porque te quiero.

Que mires más allá de mí,
que me ames con violenta prescindencia
del mañana, que el grito
de tu entrega se estrelle
en la cara de un jefe de oficina,

y que el placer que juntos inventamos
sea otro signo de la libertad.

A LOVE LETTER

Everything I'd want from you
is finally so little

because finally it's everything

like a dog going by, or a hill,
those meaningless things, mundane,
wheat ear and long hair and two lumps of sugar,
the smell of your body,
whatever you say about anything,
with or against me,

all that which is so little
I want from you because I love you.

May you look beyond me,
may you love me with violent disregard
for tomorrow, let the cry
of your coming explode
in the boss's face in some office

and let the pleasure we invent together
be one more sign of freedom.

DESPUÉS DE LAS FIESTAS

Y cuando todo el mundo se iba
y nos quedábamos los dos
entre vasos vacíos y ceniceros sucios,

qué hermoso era saber que estabas
ahí como un remanso,
sola conmigo al borde de la noche,
y que durabas, eras más que el tiempo,

eras la que no se iba
porque una misma almohada
y una misma tibieza
iba a llamarnos otra vez
a despertar al nuevo día,
juntos, riendo, despeinados.

AFTER THE PARTY

And when everyone had gone
and just the two of us were left
among the empty glasses and dirty ashtrays,

how beautiful it was to know that you
were there like an oasis,
alone with me at the night's edge,
and you were lasting, you were more than time,

you were the one who wouldn't leave
because one pillow
one warmth
was going to call us again
awake to the new day,
together, laughing, disheveled.

EL FUTURO

Y sé muy bien que no estarás.
No estarás en la calle, en el murmullo que brota de noche
de los postes de alumbrado, ni en el gesto
de elegir el menú, ni en la sonrisa
que alivia los completos en los subtes,
ni en los libros prestados ni en el hasta mañana.

No estarás en mis sueños,
en el destino original de mis palabras,
ni en una cifra telefónica estarás
o en el color de un par de guantes o una blusa.
Me enojaré, amor mío, sin que sea por ti,
y compraré bombones pero no para ti,
me pararé en la esquina a la que no vendrás,
y diré las palabras que se dicen
y comeré las cosas que se comen
y soñaré los sueños que se sueñan
y sé muy bien que no estarás,
ni aquí adentro, la cárcel donde aún te retengo,
ni allí fuera, este rio de calles y de puentes.
No estarás para nada, no serás ni recuerdo,
y cuando piense en ti pensaré un pensamiento
que oscuramente trata de acordarse de ti.

THE FUTURE

And I know full well you won't be there.
You won't be in the street, in the hum that buzzes
from the arc lamps at night, nor in the gesture
of selecting from the menu, nor in the smile
that lightens people packed into the subway,
nor in the borrowed books, nor in the see-you-tomorrow.

You won't be in my dreams,
in my words' first destination,
nor will you be in a telephone number
or in the color of a pair of gloves or a blouse.
I'll get angry, love, without it being on account of you,
and I'll buy chocolates but not for you,
I'll stop at the corner you'll never come to,
and I'll say the words that are said
and I'll eat the things that are eaten
and I'll dream the dreams that are dreamed
and I know full well you won't be there,
nor here inside, in the prison where I still hold you,
nor there outside, in this river of streets and bridges.
You won't be there at all, you won't even be a memory,
and when I think of you I'll be thinking a thought
that's obscurely trying to recall you.

NOCTURNO

Tengo esta noche las manos negras, el corazón sudado
como después de luchar hasta el olvido con los ciempiés
   del humo.
Todo ha quedado allá, las botellas, el barco,
no sé si me querían y si esperaban verme.
En el diario tirado sobre la cama dice encuentros
   diplomáticos,
una sangría exploratoria, lo batió alegremente en cuatro
   sets.
Un bosque altísimo rodea esta casa en el centro de la
   ciudad,
yo sé, siento que un ciego está muriéndose en las cercanías.
Mi mujer sube y baja una pequeña escalera
como un capitán de navío que desconfía de las estrellas.
Hay una taza de leche, papeles, las once de la noche.
Afuera parece como si multitudes de caballos se acercaran
a la ventana que tengo a mi espalda.

NOCTURNE

Tonight I have black hands, a sweaty heart
as if I'd just wrestled into oblivion the centipede
   of smoke.
Everything stayed back there, the bottles, the ship,
I don't know if they loved me or ever hoped to see me.
The newspaper tossed on the bed tells of diplomatic
   meetings,
an exploratory bloodletting, knocked off happily in four
   sets.
A towering forest surrounds this house in the city's
   center,
I know, I can feel a blind man dying nearby.
My wife goes up and down a little ladder
like a sea captain who doesn't trust the stars.
There's a cup of milk, sheets of paper, eleven at night.
Outside it seems as if packs of horses were coming
up to the window at my back.

CRÓNICA PARA CÉSAR

Y levantarás una gran ciudad
Y los puentes de la gran ciudad alcanzarán a otras ciudades
como la peste de las ratas cae sobre otras ratas y otros
    hombres

Todo lo que en tu ciudad esté vivo proclamará tu nombre
y te verás honrado
alabado y honrado
y tú mismo dirás tu nombre como si te miraras al
    espejo
porque ya no distinguirás entre los
    adoradores y el ídolo

Probablemente serás feliz
como todo hombre con mujer como todo hombre con
    ciudad
probablemente serás hermoso
como todo ídolo con piedra en la frente
como todo león con su aro de fuego corriendo por la arena

y levantarás una torre
y protegerás un circo
y darás nombre al séptimo hijo de las familias trabajadoras

CHRONICLE FOR CAESAR

And you shall build a great city
And the great city's bridges shall reach other cities
as the plague of rats befalls other rats and other
    men

Everything alive in your city shall praise your name
and you'll see yourself honored
praised and honored
and you yourself will say your name as if looking into a
    mirror
because you won't be able to distinguish between the
    worshipers and the idol

Most likely you'll be happy
like any man with a woman like any man with a
    city
most likely you'll be handsome
like any idol with a precious stone in its forehead
like any lion with its hoop of fire running across the arena

and you'll raise a tower
and you'll sponsor a circus
and the workers' seventh sons will be given your name

No importa que en la sombra crezcan los
    hongos rosados
si el humo de las fábricas escribe tus iniciales en lo alto

El círculo de tiza se cerrará
y en las cavernas de la noche acabarán de pintar las
    imágenes protectoras

De hoy en adelante serás el sumo sacerdote
de mañana en mañana el oficiante de ti mismo

Y levantarás una gran ciudad
como las hormigas diligentes exaltan sus pequeños
    montículos
y harás venir la semilla de Rumania y el papel
    de Canadá
Habrá una loca alegría en las efemérides
y en el retorno de los equipos victoriosos

Todo esto no pasará de los límites de tu cuarto
pero levantarás una gran ciudad
de mediodía a medianoche
una ciudad corazón una ciudad memoria una ciudad
    infamia
La ciudad del hombre crecerá en el hombre de la ciudad

y se protegerán los unos de los otros
las sombras de las sombras

It doesn't matter that pinkish mushrooms are springing up
    in the shadows
if the smoke from the factories writes your initials on high

The chalk circle will close
and in night's caves the protector images will have been
    painted at last

From this day on you shall be high priest
day after day minister of yourself

And you shall build a great city
as the diligent ants exalt their little
    hills
and you will summon the seed of Romania and the paper
    of Canada
There'll be a wild joy on official holidays
and on the homecoming of the winning teams

None of this shall pass beyond the walls of your room
but you'll build a great city
from noon to midnight
a heart city a memory city a shame
    city
The city of man will grow in the man of the city

and the ones will fight off the others
shadows against shadows

los perros de los perros
los niños de los niños
aunque las mujeres sigan tendidas contra los hombres
y clamen los pacifistas en las esquinas

Creo que morirás creyendo
que has levantado una ciudad

Creo que has levantado una ciudad

Creo en ti
en la ciudad

Entonces sí
ahora que creo
entonces sé que has levantado una ciudad

Ave César

dogs against dogs
children against children
even as the women remain draped over the men
and streetcorner pacifists go on protesting

I believe you will die believing
you have built a city

I believe you have built a city

I believe in you
in the city

Well then yes
now that I believe
then I know you have built a city

Hail Caesar

LOS DIOSES

Los dioses van por entre cosas pisoteadas, sosteniendo
los bordes de sus mantos con el gesto del asco.
Entre podridos gatos, entre larvas abiertas y acordeones,
sintiendo en las sandalias la humedad de los trapos
    corrompidos,
los vómitos del tiempo.

En su desnudo cielo ya no moran, lanzados
fuera de sí por un dolor, un sueño turbio,
andan heridos de pesadilla y légamos,
    parándose
a recontar sus muertos, las nubes boca abajo,
los perros con la lengua rota,
a atisbar envidiosos el abismo
donde ratas erectas se disputan chillando
pedazos de banderas.

THE GODS

The gods go moving through trampled things, lifting
the hems of their robes with a look of disgust.
Through rotting cats, hatching larvae and accordions,
feeling the wetness of putrid rags, time's
    vomit,
under their sandals.

In their denuded sky they dwell no more, thrown out
beside themselves with pain, a troubled dream,
they walk along wounded by nightmares and slime,
    stopping
to recount their dead, the clouds face-down,
the broken-tongued dogs,
to gaze enviously into the pit
where shrieking rats on their hind legs
fight over scraps of flags.

AIRE DEL SUR

Aire del sur, flagelación llevando arena
con pedazos de pájaros y hormigas,
diente del huracán tendido en la planicie
donde hombres cara abajo sienten pasar la muerte.

Máquina de la pampa, qué engranaje de cardos
contra la piel del párpado, oh garfios de ajos ebrios,
de ásperas achicorias trituradas.
La bandada furtiva sesga el viento
y el perfil del molino
abre entre dos olvidos de horizonte
una risa de ahorcado. Trepa el álamo
su columna dorada, pero el sauce
sabe más del país, sus cinerarios verdes
retornan silenciosos a besar las orillas de la sombra.

Aquí el hombre agachado sobre el hueco del día
bebe su mate de profundas sierpes y atribuye
los presagios del día a la escondida suerte.
Su parda residencia está en el látigo
que abre al potro los charcos de la baba y la cólera;
va retando los signos con un pronto facón
y sabe de la estrella por la luz en el pozo.

AIR OF THE SOUTH

Air of the south, flagellation whiplashing sand
with bits of birds and ants,
teeth of a hurricane spread out over the plain
where men face-down feel death going by.

Machine of the pampa, how your thistles shift gears
against the eyelids' skin, oh hooks of drunken garlic,
of bitter, crushed chicory.
The furtive flock angles into the wind
and the mill's profile
breaks out between two oblivious horizons
laughing like a hanged man. The poplar climbs
its golden column, but the willow
knows the country better, its ash-green branches
curve back silently to kiss the shadows' edges.

Here the man crouched over the day's emptiness
sips his *mate* through depths of snakes and attributes
the day's omens to some hidden luck.
His dark home is in the whip
that drives the colt to a foaming lather;
he challenges the signs with a long quick blade
and knows of the stars by the light in the well.

APPEL REJETÉ

Patio de la prisión de la Santé

No es la previsión del filo que me apartará de mí mismo,
ni la sospecha científicamente desmentida del después.
Lo que venga vendrá,
y no vendrá nada, y es mucho.

Pero que toda la raza esté durmiendo a esta hora,
que el patio al alba con paredes y paredes
no contenga más que a los infames testigos
que callarán el ruido dulce de mi sangre,
que no haya verdaderamente un hombre ni un árbol,
ni siquiera luz en la ventana
porque no habrá ventanas,
que esto vaya a ocurrir entre sombras furtivas y miradas al
    suelo
mientras mi raza duerme cerca de este pedazo de sí misma.

No, no es la previsión del boca abajo, el ínfimo terror
que me reventará los nervios como látigos
en esa eternidad en que el triángulo desciende,
ni la sospecha de que todo puede no acabar ahí,

APPEL REJETÉ

Courtyard of Santé Prison

It's not the prevision of the blade that will sever me from
    myself,
nor the scientifically disproved suspicion of what comes after.
Whatever comes will come,
and nothing will come, and it's plenty.

But let the whole race lie sleeping at the time,
let the courtyard at dawn with its walls and its walls
contain nothing more than the infamous witnesses
who'll quiet the sweet sound of my blood,
let there not really be a man or a tree,
nor even a light in the window
since there'll be no windows,
let this occur between furtive shadows and looks at the
    ground
while my tribe sleeps on near this piece of itself.

No, it's not the foreknowledge of kneeling face-down, the
    vilest terror
lashing my nerves like whips
in the blade's eternal falling,
nor the suspicion that this may not be the end,

47

ni el grito que por su sola cuenta me abrirá estúpidamente la
   boca.
Pienso en tambores enlutados,
en una procesión penitencial entre dos olas grises
de puños y de bocas vomitando mi nombre,
en ojos como lenguas, en uñas como perros,
la raza ahí, y el sol, infatigable espectador de espectadores,
y poder ser valiente para algunos, y creer
que ese balcón cerrado guarda una lástima y un rezo,
unido en la irrisión y la blasfemia,
sangre de sangres, víctima de víctimas,
despedazado por mí mismo en cien mil manos.

No este trance de sorda madrugada,
este cuello desnudo para nadie.

nor the shout barking stupidly out of my mouth.
I think of mournful drums,
of a penitential procession between two gray waves
of fists and mouths vomiting my name,
of eyes like tongues, of nails like dogs,
the whole race here, and the sun, tireless spectator of
    spectators,
and being able to be brave for the sake of some, and to believe
that that closed balcony holds a pity and a prayer,
united in mockery and blasphemy,
blood of all blood, victim of victims,
torn to pieces by myself in a hundred thousand hands.

Anything but this daze of a deaf dawn,
this neck naked for no one.

Un amigo me dice: "Todo plan de alternar poemas con prosas es suicida, porque los poemas exigen una actitud, una concentración, incluso un enajenamiento por completo diferentes de la sintonía mental frente a la prosa, y de ahí que tu lector va a estar obligado a cambiar de voltaje a cada página y así es como se queman las bombitas."

Puede ser, pero sigo tercamente convencido de que poesía y prosa se potencian recíprocamente y que lecturas alternadas no las agreden ni derogan. En el punto de vista de mi amigo sospecho una vez más esa *seriedad* que pretende situar la poesía en un pedestal privilegiado, y por culpa de la cual la mayoría de los lectores contemporáneos se alejan más y más de la poesía en verso, sin rechazar en cambio la que les llega en novelas y cuentos y canciones y películas y teatro, cosa que permite insinuar, *a)* que la pocsía no ha perdido nada de su vigencia profunda pero que *b)* la artistocracia formal de la poesía en verso (y sobre todo la manera con que poetas y editores la embalan y presentan) provoca resistencia y hasta rechazo por parte de muchos lectores tan sensibles a la poesía como cualquier otro.

A friend tells me: "Any plan to alternate poems with prose is suicide, because poems demand an attitude, a concentration, even an alienation completely different from the mental attunement required for prose, so your reader will have to be switching voltage every other page and that's how you burn out lightbulbs."

Could be, but I carry on stubbornly convinced that poetry and prose reciprocally empower each other and that alternating readings won't do any harm. In my friend's point of view I detect once again that *seriousness* that tries to place poetry on a privileged pedestal, which is why most contemporary readers can't get far enough away from poetry in verse, without on the other hand rejecting what reaches them in novels and stories and songs and movies and plays, a fact which suggests *a)* that poetry has lost none of its deep power but that *b)* the formal aristocracy of poetry in verse (and above all the way poets and publishers package and present it) provokes resistance and even rejection on the part of many readers otherwise as sensitive as anyone else to poetry.

De todas maneras lo único que realmente cuenta hoy en América Latina es nadar contra la corriente de los conformismos, las ideas recibidas y los sacrosantos respetos, que aun en sus formas más altas le hacen el juego al Gran Sistema. Armar este libro, como ya algunos otros, sigue siendo para mí esa operación aleatoria que me mueve la mano como la vara de avellano la del rabdomante; las manos, mejor, porque escribo a máquina como él sostiene su varilla, y así me ocurre esta misma tarde vacilar entre fajos de viejos papeles, dejándolos de lado sin la menor razón atendible para traerme en cambio una libretita de tapas verdes donde allá por los años sesenta escribí poemas mientras cambiaba de avión en Amsterdam. De tan puro desorden va naciendo un orden; nacidos en tiempos y climas diferentes, hay pameos que buscan pameos a la vez que rechazan meopas, hay prosemas que sólo aceptan por compañía otros prosemas hasta ahora separados por años, olvidos y bloques de papel tan diferentes. El juego avanza así, con bruscas rebeldías y ganas de mandar todo a ese canasto donde ya se acumulan tantos desencantos, y de cuando en cuando una ráfaga de alegría cuando por ahí un poema se deja acariciar por la nueva lectura como un gato cargado de electricidad.

Y aunque Calac y Polanco me digan lo contrario cada vez que pueden, nada de eso si estuviera atado por la seriedad bibliográfica, aquí la poesía y la prosa. Me apenaría

Anyway, the only thing that really matters today in Latin America is to swim against the current of conformity, the received ideas and the sacred cows, which even in their highest forms play along with the Big System. Putting this book together, like some of the others I've done, continues to be for me that chance operation which moves my hand like the hazelwood wand of the water witch; or more precisely, my hands, because I write on a typewriter the same way he holds out his little stick, and that's how it happens this very evening that I'm shuffling through bundles of old papers, setting them aside without the least reason worth thinking about in order to pull out instead a little notebook with a green cover where back in the sixties I wrote a few poems while changing planes in Amsterdam. Out of such pure disorder an order emerges; born in different times and climates, there are peoms that search for peoms and at the same time reject meops, there are prosems that accept for company only other prosems until now kept apart by different years, forgettings and pads of paper. So the game advances, with abrupt rebellions and urges to toss everything into that basket where so many disillusionments are piled up already, and every so often a flash of happiness when out of there some poem lets itself be caressed again by a new reading, like a cat whose coat is charged with electricity.

And even though Calac and Polanco tell me otherwise every chance they get, none of this would happen if I were

que a pesar de todas las libertades que me tomo, esto tomara un aire de antología. Nunca quise mariposas clavadas en un cartón; busco una ecología poética, atisbarme y a veces reconocerme desde mundos diferentes, desde cosas que sólo los poemas no habían olvidado y me guardaban como viejas fotografías fieles. No aceptar otro orden que el de las afinidades, otra cronología que la del corazón, otro horario que el de los encuentros a deshora, los verdaderos.

bound by bibliographic seriousness, so here's some poetry and here's some prose. It would grieve me if despite all the liberties I allow myself, this took on the air of a collection. I never wanted butterflies pinned to a board; I'm looking for a poetic ecology, to observe myself and at times recognize myself in different worlds, in things that only the poems haven't forgotten and have saved for me like faithful old photographs. To accept no other order than that of affinities, no other chronology than that of the heart, no other schedule than that of unplanned encounters, the true ones.

DISTRIBUCIÓN DEL TIEMPO

Cada vez somos más los que creemos menos
en tantas cosas que llenaron nuestras vidas,
los más altos, indiscutibles valores vía Platón o Goethe,
el verbo, su paloma sobre el arca de la historia,
la pervivencia de la obra, la filiación y la heredad.

No por eso caemos con el celo del neófito
en esa ciencia que ya pone sus robots en la luna;
en verdad, en verdad, nos es bastante indiferente,
y si el doctor Barnard transplanta un corazón
preferiríamos mil veces que la felicidad de cada cual
fuese el exacto, necesario reflejo de la vida
hasta que el corazón insustituible dijera dulcemente basta.

Cada vez somos más los que creemos menos
en la utilización del humanismo
para el nirvana estereofónico
de mandarines y de estetas.

Sin que eso signifique
que cuando hay un momento de respiro
no leamos a Rilke, a Verlaine o a Platón,
o escuchemos los claros clarines,
o miremos los trémulos ángeles
del Angélico.

TIME'S DISTRIBUTION

More and more we believe less and less
in so many things that made our lives more full,
Plato's or Goethe's highest, most indisputable values,
the word, its dove above history's ark,
the work's survival, the family line and our inheritance.

Which isn't to say we fall with the fervor of neophytes
for that science landing its robots on the moon;
the truth of the matter is it leaves us cold,
and if Dr. Barnard transplants a heart
we'd prefer a thousand times over that anyone's happiness
be the exact, essential reflection of life
until their irreplaceable heart might softly say *enough*.

More and more we believe less and less
in the utilization of humanism
for the stereophonic nirvana
of mandarins and esthetes.

Which doesn't mean
that when there's a moment's peace
we don't read Rilke, Plato or Verlaine,
or listen to the clear clarions,
or look at the trembling angels
of Angelico.

POLICRONIAS

Es increíble pensar que hace doce años
cumplí cincuenta, nada menos.

¿Cómo podía ser tan viejo
hace doce años?

Ya pronto serán trece desde el día
en que cumplí cincuenta. No parece
posible.
El cielo es más azul,
y vos más y más linda.
¿No son acaso pruebas
de que algo anda estropeado en los relojes?
El tabaco y el whisky se pasean
por mi cuarto, les gusta
estar conmigo. Sin embargo
es increíble pensar que hace doce años
cumplí dos veces veinticinco.
Cuando tu mano viaja por mi pelo
sé que busca las canas, vagamente
asombrada. Hay diez o doce,
tendrás un premio si las encontrás.
Voy a empezar a leer todos los clásicos
que me perdí de viejo. Hay que apurarse,

POLYCHRONY

It's incredible to think that twelve years ago
I turned fifty, no less.

How could I have been so old
twelve years ago?

And soon it'll be thirteen since the day
I turned fifty. It doesn't seem
possible.
The sky is bluer and bluer,
and you more and more lovely.
Couldn't these things be proof
the clocks are out of whack?
Tobacco and whiskey come wandering
through my room, they like
being with me. Nevertheless
it's incredible to think that twelve years ago
I turned twice twenty-five.
When your hand explores my hair
I know it's looking for gray
surprises. There are ten or twelve,
if you find them you get a prize.
I'm going to start reading all the classics
I missed getting old. One has to hurry,

esto no te lo dan de arriba, falta poco
para cumplir trece años desde
que cumplí los cincuenta.
A los catorce pienso
que voy a tener miedo,
catorce es una cifra
que no me gusta nada
para decirte la verdad.

Nairobi, 1976

they don't just give you this stuff, it won't be long
till it'll be thirteen years since
I turned fifty.
At fourteen I think
I'm going to get scared,
fourteen is a number
I don't like at all,
to tell you the truth.

Nairobi, 1976

ÁNDELE

1

Como una carretilla de pedruscos
cayéndole en la espalda, vomitándole
su peso insoportable,
así le cae el tiempo a cada despertar.

Se quedó atrás, seguro, ya no puede
equiparar las cosas y los días,
cuando consigue contestar las cartas
y alarga el brazo hacia ese libro o ese disco,
suena el teléfono: a las nueve esta noche,
llegaron compañeros con noticias,
tenés que estar sin falta, viejo,

o es Claudine que reclama su salida
o su almohada,
o Roberto con depre, hay que ayudarlo,
o simplemente las camisas sucias
amontonándose en la bañadera
como los diarios, las revistas, y ese

ensayo de Foucault, y la novela
de Erica Jong y esos poemas

GET A MOVE ON

1

Like a truckload of rocks
dumped on your back, puking
its insufferable weight,
that's how time drops on you every morning.

> You were behind already, sure, you can't
> keep up with things, with the days,
> when you manage to get the letters answered
> and you reach out to pick up that book or record,
> > the telephone rings: at nine tonight,
> > friends arrived with news,
> > you've got to be there for sure, old man,

or it's Claudine who demands you come out or wants a
    piece of your pillow,
or Roberto depressed, he needs your help,
or just the dirty shirts
piling up in the bathtub
like the newspapers, the magazines, and that

> essay by Foucault, and the Erica Jong
> novel and those poems

de Sigifredo sin hablar de mil
trescientos grosso modo libros discos y películas,

más el deseo subrepticio de releer *Tristram Shandy,*
Zama, La vida breve, el Quijote, Sandokán,
    y escuchar otra vez todo Mahler o Delius
    todo Chopin todo Alban Berg,
    y en la cinemateca *Metrópolis, King Kong,*
    La barquera María, La edad de oro — Carajo,

la carretilla de la vida
con carga para cinco décadas, con sed
de viñedos enteros, con amores
que inevitablemente superponen
tres, cinco, siete mundos
que debieran latir consecutivos
y en cambio se combaten simultáneos
en lo que llaman poligamia y que tan sólo
es el miedo a perder tantas ventanas
sobre tantos paisajes, la esperanza
de un horizonte entero —

2

Hablo de mí, cualquiera se da cuenta,
pero ya llevo tiempo (siempre tiempo)
sabiendo que en el mí estás vos también,
y entonces:

of Sigifredo's not to mention a thousand
three hundred more or less books records & films,

plus the secret desire to reread *Tristram Shandy,*
Zama, La vida breve, Don Quixote, Sandokan,
and listen again to all of Mahler or Delius
all of Chopin all of Alban Berg
and at the movies *Metropolis, King Kong,*
Faehrmann Maria, L'age d'or — Fuck,

the dumptruck of life
with a load of five decades, with a thirst
for entire vineyards, with loves
that inevitably overlap
three, five, seven worlds
whose hearts should have beat one after another
and instead beat against each other all at the same time
in what's called polygamy but is only
the fear of losing so many windows
on so many landscapes, the hope
for a whole horizon —

2

I'm talking about myself, anyone can see that,
but for a long time now (always time)
knowing that inside me you are too
and so:

No nos alcanza el tiempo,
o nosotros a él,
nos quedamos atrás por correr demasiado,
ya no nos basta el día
para vivir apenas media hora.

3

El futuro se escinde, maquiavelo:
el más lejano tiene un nombre, muerte,
y el otro, el inmediato, carretilla.

¿Cómo puede vivirse en un presente
apedreado de lejos? No te queda
más que fingir capacidad de aguante:
agenda hora por hora, la memoria
almacenando en marzo los pagarés de junio,
la conferencia prometida,
el viaje a Costa Rica, la planilla de impuestos,
Laura que llega el doce,
un hotel para Ernesto,
no olvidarse de ver al oftalmólogo,
se acabó el detergente,
habrá que reunirse
con los que llegan fugitivos
de Uruguay y Argentina,

Time hasn't caught up with us,
nor we with it,
we're still behind because we're running too fast,
the whole day isn't enough anymore
to live for half an hour.

3

The future divides itself up, Machiavellian:
the farthest thing away has one name, death,
and the other, the here and now, dumptruck.

How is it possible to live in a present
buried ahead of time? There's nothing left
to do but pretend you can take it:
an hour by hour agenda, memory
storing up in March the IOUs of June,
the promised conference,
the trip to Costa Rica, the tax schedule,
Laura arrives on the twelfth,
a hotel room for Ernesto,
don't forget to see the ophthalmologist,
we're out of detergent,
we've got to meet
the arriving refugees
from Uruguay and Argentina,

darle una mano a esa chiquita
   que no conoce *a nadie* en Amsterdam,
       buscarle algún laburo a Pedro Sáenz,
          escucharle su historia a Paula Flores
             que necesita repetir y repetir
                 cómo acabaron con su hijo en Santa Fe.

Así se te va el hoy
en nombre de mañana o de pasado,
así perdés el centro
en una despiadada excentración
a veces útil, claro,
útil para algún otro, y está bien.

                 Pero vos, de este lado de tu tiempo,
                 ¿cómo vivís, poeta?,
                 ¿cuánta nafta te queda para el viaje
                 que querías tan lleno de gaviotas?

4

No se me queje, amigo,
las cosas son así y no hay vuelta.
Métale a este poema tan prosaico
que unos comprenderán y otros tu abuela,
dése al menos el gusto
de la sinceridad y al mismo tiempo

give a hand to that young girl
   who doesn't know a *soul* in Amsterdam,
      find some job for Pedro Sáenz,
         listen to the story of Paula Flores
            who needs to repeat again and again
               how they finished off her son in Santa Fe.

That's how today gets away from you
in the name of tomorrow or the past,
that's how you lose the center
in a pitiless excentration
that's sometimes useful, of course,
useful to someone else, and that's okay.

             But you, from this side of your time,
             how do you live, poet?
             how much fuel do you have left for that trip
             you wanted replete with sea gulls?

4

Don't complain to me, buddy,
that's how things are and there's no going back.
Get on with this poem, it's so prosaic
some people might even understand and the rest, fat chance,
at least give yourself the pleasure
of being sincere and at the same time

conteste esa llamada, sí, de acuerdo,
el jueves a las cuatro,
de acuerdo, amigo Ariel,
hay que hacer algo por los refugiados.

5

Pero pasa que el tipo es un poeta
y un cronopio a sus horas,
que a cada vuelta de la esquina
le salta encima el tigre azul,
un nuevo laberinto que reclama
ser relato o novela o viaje a Islandia
(ha de ser tan translúcida la alborada en Islandia,
se dice el pobre punto en un café de barrio).
              Le debe cartas necesarias a Ana Svensson,
              le debe un cuarto de hora a Eduardo, y un paseo
              a Cristina, como el otro
              murió debiéndole a Esculapio un gallo,
              como Chénier en la guillotina,
              tanta vida esperándolo, y el tiempo
              de un triángulo de fierro solamente
              y ya la nada. Así, el absurdo
              de que el deseo se adelante
              sin que puedas seguirlo, pies de
                    plomo,
              la recurrente pesadilla diurna

answer that call, yes, okay,
Thursday at four,
fine, Ariel old pal,
we've got to do something for the refugees.

5

But it so happens the guy is a poet
and a cronopio on his own time,
who every time he turns a corner
the blue tiger pounces,
a fresh labyrinth demanding
to be a story or a novel or a trip to Iceland
(the dawn in Iceland must be so clear,
says the poor little guy in a neighborhood café).
             You owe important letters to Ana Svensson,
             you owe Eduardo fifteen minutes, and Cristina
             a walk, like the other one
             died owing Asclepius a cock,
             like Chénier on the guillotine,
             so much life ahead of him, and time
             in just that iron triangle
             then nothing. So, the absurd
             from which desire runs on ahead
             without your being fast enough to follow,
                  lead-footed,
             the mundane recurrent nightmare

del que quiere avanzar y lo detiene
el pegajoso cazamoscas del deber,
la rémora del diario
con las noticias de Santiago mar de sangre,
con la muerte de Paco en la Argentina,
con la muerte de Orlando, con la muerte
y la necesidad de denunciar la muerte
cuando es la sucia negación, cuando se llama
Pinochet y López Rega y Henry Kissinger.

(Escribiremos otro día el poema,
vayamos ahora a la reunión, juntemos
unos pesos,
llegaron compañeros con noticias,
tenés que estar sin falta, viejo.)

6

Vendrán y te dirán (ya mismo, en esta página)
sucio individualista,
tu obligación es darte sin protestas,
escribir para el hoy para el mañana
sin nostalgias de Chaucer o *Rig Veda*,
sin darle tiempo a Raymond Chandler o Duke
    Ellington,
basta de babosadas de pequeñoburgués,
hay que luchar contra la alienación ya mismo,
dejate de pavadas,

you're trying to get away from but the sticky
flypaper of duty stops you,
the weight of the daily paper
with the news from Santiago sea of blood,
with the death of Paco in Argentina,
with the death of Orlando, with death
and the need to denounce death
when it's a filthy negation by the name of
Pinochet and López Rega and Henry Kissinger.

(We'll write the poem another day,
now we're off to the meeting, let's scrape
together some change,
compañeros have come with news,
you've got to be there for sure, old man.)

6

They'll come and they'll call you (right now, on this page)
a lousy individualist,
your obligation is to give yourself, no complaints,
writing for today and for tomorrow
without nostalgia for Chaucer or the *Rig Veda*,
without wasting time on Raymond Chandler or Duke
    Ellington,
enough of this petty bourgeois sniveling,
you've got to fight alienation right now,
cut the bullshit,

elegí entre el trabajo partidario
o cantarle a Gardel.

7

Dirás, ya sé, que es lamentarse al cuete
y tendrás la razón más objetiva.
Pero no es para vos que escribo este prosema,
lo hago pensando en el que arrima el
    hombro
mientras se acuerda de Rubén Darío
o silba un blues de Big Bill Broonzy.
        Así era Roque Dalton, que ojalá
        me mirara escribir por sobre el hombro
        con su sonrisa pajarera,
        sus gestos de cachorro, la segura
        bella inseguridad del que ha elegido
        guardar la fuerza para la ternura
        y tiernamente gobernar su fuerza.
        Así era el Che con sus poemas de bolsillo,
        su Jack London llenándole el vivac
        de buscadores de oro y esquimales,
        y eran también así
        los muchachos nocturnos que en La Habana
        me pidieron hablar, Marcia Leiseca
        llevándome en la sombra hasta un balcón
        donde dos o tres manos apretaron la mía

either get involved
or go play with yourself.

7

I know, you'll say it's a pointless lament
and objectively you'll be right.
But it's not for you that I'm writing this prosem,
I'm thinking of the guy who's putting his shoulder to the
    wheel
while remembering Rubén Darío
or whistling one of Big Bill Broonzy's blues.
            That's how Roque Dalton was, who I wish
            were looking over my writing shoulder
            with his birdcage grin,
            his puppydog expression, the certain
            beautiful insecurity of one who's chosen
            to save his strength for tenderness
            and tenderly channel his strength.
            That's how Che was with poems in his pocket,
            his Jack London peopling the camp
            with gold prospectors and Eskimos,
            and those night boys in Havana
            who asked to speak with me
            were like that too, Marcia Leiseca
            taking me in the shadows to a balcony
            where two or three hands squeezed mine

y bocas invisibles me dijeron amigo,
cuando allá donde estamos nos dan tregua,
nos hacen bien tus cuentos de cronopios,
nomás queríamos decírtelo, hasta pronto —

8

Esto va derivando hacia otra cosa,
es tiempo de ajustarse el cinturón:
zona de turbulencia.

Nairobi, 1976

and mouths I couldn't see called me friend,
said wherever we are your stories
give us a break, they do us good,
we just wanted to tell you, see you soon —

8

This is turning into something else,
it's time to fasten the seatbelt:
turbulence.

Nairobi, 1976

EL HÉROE

Con los ojos muy abiertos,
el corazón entre las manos
y los bolsillos llenos de palomas
mira el fondo del tiempo.

Ve su propio deseo, luces altas,
guirnaldas, flechas verdes, torres
de donde caen cabelleras
y nacen las espléndidas batallas.

Corre, el fervor lo embiste,
es su antorcha y su propio palafrén,
busca la entrada a la ciudad,
enarbola el futuro, clama como los vientos.

Todo está ahí, la calle abierta
y a la distancia el espejeo,
la inexplicable cercanía de lo que no alcanza
y cree alcanzar, y corre.

No es necesario un tropezón ni una estocada,
los cuerpos caen por su propio peso,
los ojos reconocen un momento
la verdad de la sombra.

THE HERO

With his eyes wide open,
his heart in his hands
and his pockets full of pigeons
he gazes deep into time.

He spies his own desire, lights on high,
garlands, green arrows, towers
from which the long hair is let down
and splendid battles are born.

He runs, his fervor drives him on,
it is his torch and his horse,
he seeks the way into the city,
hoists the flag of the future, cries out like the wind.

Everything is there, the open street
and the mirage in the distance,
the inexplicable closeness of what can't be reached
and he believes he can reach, and he runs.

There's no need to stumble nor to be stabbed,
the bodies fall of their own weight,
and at some point his eyes can make out
the truth of shadows.

Todavía se yergue,
todavía en su puño late el halcón de acero.
En las piedras rebota la clamante pregunta
del hombre por fin solo a la llegada.

Después es titubeo,
sospecha de que el fin no es el comienzo;
y al fondo de la calle
que parecía tan hermosa
no hay más que un árbol seco
y un abanico roto.

Still he stands tall,
still the steel falcon flutters on his fist.
The cliffs resound with the shouted question
of the man alone at last as he arrives.

Then he's not so sure,
maybe the goal isn't really a beginning;
and at the end of the street
that looked so beautiful
there's nothing more than a withered tree
and a broken fan.

A UN DIOS DESCONOCIDO

Quienquiera seas
no vengas ya.
Los dientes del tigre se han mezclado a la semilla,
llueve un fuego continuo sobre los cascos protectores,
ya no se sabe cuándo acabarán las muecas,
el desgaste de un tiempo hecho pedazos.

Obedeciéndote hemos caído.

— La torre subía enhiesta, las mujeres
llevaban cascabeles en las piernas, se gustaba
un vino fuerte, perfumado. Nuevas rutas
se abrían como muslos a la alegre codicia,
a las carenas insaciables. ¡Gloria!
La torre desafiaba las medidas prudentes,
tal una fiesta de estrategos
era su propia guirnalda.
El oro, el tiempo, los destinos,
el pensar, la violenta caricia, los tratados,
las agonías, las carreras, los tributos,
rodaban como dados, con sus puntos de fuego.

Quienquiera seas, no vengas ya.
La crónica es la fábula para estos ojos tímidos

TO A GOD UNKNOWN

Whoever you are
don't come.
The seeds are mixed with tigers' teeth,
an endless fire pours down on the helmets,
nobody knows when the grimacing will stop,
the erosion of a time in pieces.

Obeying you we have fallen.

— The tower went up straight, the women
wore bells on their ankles, we enjoyed
strong fragrant wine. New routes
opened like thighs to the happy greed,
to the insatiable holds of the ships. Glory!
The tower defied all caution,
like a strategists' celebration
it was its own reward.
Gold, time, destinies,
thought, treaties, violent caresses,
agonies, races, tributes,
they rolled like dice, with their fiery points.

Whoever you are, don't come.
The record is legend to these timid eyes

83

de cristales focales y bifocales, polaroid, antihalo,
para estas manos con escamas de cold-cream.
Obedeciéndote hemos caído.

— Los profesores obstinados hacen gestos de rata,
vomitan Gorgias, patesís, anfictionías y Duns
    Scoto,
concilios, cánones, jeringas, skaldas, trébedes,
qué descansada vida, los derechos del hombre, Ossian,
Raimundo Lulio, Pico, Farinata, Mío Cid, el peine
para que Melisendra peine sus cabellos.
Es así: preservar los legados, adorarte en tus
    obras,
eternizarte, a ti el relámpago.
Hacer de tu viviente rabia un apotegma,
codificar tu libre carcajada.
Quinquiera seas
no vengas ya.

— La ficción cara de harina, cómo se cuelga de su mono,
el reloj que puntual nos saca de la cama.
Venga usted a las dos, venga a las cuatro,
desgraciadamente tenemos tantos compromisos.
¿Quién mató a Cock Robin? Por no usar
los antisudorales, sí señora.

Por lo demás la bomba H, el peine con música,
los detergentes, el violín eléctrico,

with their focal and bifocal, polaroid, nonglare glasses,
to these hands coated with cold cream.
Obeying you we have fallen.

— The stubborn professors make ratlike faces,
they vomit up Gorgias, pathos, amphictyonies and Duns
    Scotus,
councils, canons, syringes, skalds, trivets,
how tranquil is the life, the rights of man, Ossian,
Ramon Lull, Pico, Farinata, Mío Cid, the comb
for combing Melisendra's hair.
That's how it is: preserve the legacies, worship you in your
    works,
eternalize *you*, the lightning flash.
Turn your living rage into a precept,
codify your free laughter.
Whoever you are
don't come.

— The whiteface fiction dangles from its monkey,
the alarm clock gets us out of bed on time.
Come at two o'clock, come at four,
too bad we have so many commitments.
Who killed Cock Robin? Because he didn't use
deodorant, yes ma'am.

As for the rest, the H-bomb, the musical comb,
detergents, the electric violin

alivian el pasaje de la hora. No es tan mala
la sala de la espera: tapizada.
— ¿Consuelos, joven antropólogo? Surtidos:
usted los ve, los prueba y se los lleva.
La torre subía enhiesta,
pero aquí hay Dramamina.

Quienquiera seas
no vengas ya.
Te escupiríamos, basura, fabricado
a nuestra imagen
de nilón y de orlón, Iahvé, Dios mío

lighten the passing time. The waiting room
isn't so bad: it's carpeted.
— Consolations, young anthropologist? Supplied:
you see them, you try them on and you take them away.
The tower went straight up,
but we have Dramamine.

Whoever you are
don't come.
We'd dump you, garbage, made
in our nylon and orlon
image, Jahweh, oh my God

GANANCIAS Y PÉRDIDAS

Vuelvo a mentir con gracia,
me inclino respetuoso ante el espejo
que refleja mi cuello y mi corbata.
Creo que soy ese señor que sale
todos los días a las nueve.
Los dioses están muertos uno a uno en largas filas
de papel y cartón.
No extraño nada, ni siquiera a ti
te extraño. Siento un hueco, pero es fácil
un tambor: piel a los dos lados.
A veces vuelves en la tarde, cuando leo
cosas que tranquilizan: boletines,
el dólar y la libra, los debates
de Naciones Unidas. Me parece
que tu mano me peina. ¡No te extraño!
Sólo cosas menudas de repente me faltan
y quisiera buscarlas: el contento,
y la sonrisa, ese animalito furtivo
que ya no vive entre mis labios.

PROFIT AND LOSS

I'm lying again, with grace,
I bow respectfully before the mirror
reflecting my collar and tie.
I believe I am that gentleman who goes out
every morning at nine.
The gods are dead one by one in long lines
of paper and cardboard.
I don't miss anything, I don't even
miss you. I feel a little hollow, but it's just
a drum: skin on either side.
Sometimes you return in the evening, when I'm reading
things that put me to sleep: the news,
the dollar and the pound, United Nations
debates. It feels like
your hand stroking my hair. But I don't miss you!
It's just that little things are suddenly missing
and I might like to seek them out: like happiness,
and the smile, that furtive little creature
no longer living between my lips.

Poemas de bolsillo, de rato libre en el café, de avión en plena noche, de hoteles incontables.

(¿En cuántos habré parado, en cuántas estaciones y aeropuertos me esperó ese miedo que siempre me dieron los lugares de pasaje?).

Recelo de lo autobiográfico, de lo antológico: dos de las cabezas del perro infernal ladrando a orillas de esta máquina que va poniendo en limpio tanta cosa suelta.

(Pero tres cabezas tiene Cerbero, y la tercera que gruñe entre espumas de odio es la timidez, esa abyecta criatura que no existe por sí misma, que exige ser inventada por los otros).

Me arrimo despacio a este jodido libro, intento un orden, secuencias, barajo y desbarajo, carajo. Empiezo a divertirme, por lo menos no parece haber riesgo de solemnidad en todo esto.

(Oigo ladrar al Can, su triple amenaza agazapada. Le tiro bizcochos, estos tangos).

Pocket poems, scribbled in a little free time in a cafe, in airplanes in the middle of the night, in more hotels than I can count.

(I wonder how many I've stayed in, how many stations and airports where lurked that fear which places of passage always provoked in me?)

Mistrust of the autobiographical, of the anthological: two of the heads of the infernal dog barking on either side of this machine which goes on typing clean copies of every loose thing.

(But Cerberus has three heads, and the third one growling through the foam of hate is timidity, that abject creature which doesn't exist for its own sake but demands to be invented for other people.)

I throw myself slowly into this fucking book, I try out an order, sequences, I shuffle and reshuffle, shit. I'm beginning to enjoy myself, at least there doesn't seem to be any risk in taking all this too seriously.

(I hear the Dog barking, its triple threat stalking. I toss him some biscuits, these tangos.)

MALEVAJE 76

Como un cáncer que avanza
abriéndose camino entre las flores
de la sangre, seccionando los nervios del deseo,
la azul relojería de las venas,

granizo de sutil malentendido,
avalancha de llantos a destiempo.

Para qué desandar la inútil ruta
que nos llevó a esta ciega
contemplación de un escenario hueco:

No me has dejao
ni el pucho en la oreja,
ya solamente sirvo
para escuchar a Carroll Baker
entre dos tragos de ginebra,

y ver caer el tiempo
como una lluvia de polillas
sobre estos pantalones desplanchados.

Nairobi, 1976

CUTTHROAT TANGO 76

Like a cancer advancing
blazing its path through the blood's
flowers, cutting up the nerves of desire,
the veins' blue clockwork,

a hailstorm of subtle misunderstanding,
an avalanche of untimely sobs.

Why trudge back up the useless trail
that brought us to this blind
outlook on an empty set:

You never even left me
a butt snuffed in my ear,
now I'm good for nothing
but listening to Carroll Baker
between a couple of gins,

and watching time pour
like a torrent of moths
onto these wrinkled pants.

Nairobi, 1976

LAS TEJEDORAS

Las conozco, las horribles, las tejedoras envueltas en
    pelusas,
en colores que crecen de las manos del hilo
al cuajo tembloroso moviéndose en la red de
    dedos ávidos.
Hijas de la siesta, pálidas babosas escondidas del sol,
en cada patio con tinajas crece su veneno y su
    paciencia,
en las terrazas al anochecer, en las veredas de los barrios,
en el espacio sucio de bocinas y lamentos de la radio,
en cada hueco donde el tiempo sea un pulóver.
Teje, mujer verde, mujer húmeda, teje, teje,
amontona materias putrescibles sobre tu falda de donde
    brotaron tus hijos,
esa lenta manera de vida, ese aceite de oficinas y
    universidades,
esa pasión de domingo a la tarde en las tribunas.
Sé que tejen de noche, a horas secretas, se levantan del
    sueño
y tejen en silencio, en la tiniebla; he parado en hoteles
donde cada pieza a oscuras era una tejedora, una manga
gris o blanca saliendo debajo de la puerta; y tejen en los
    bancos,

THE KNITTERS

I know them, those horrible women, the knitters wrapped
    in fuzz,
in colors that grow from the hands of the yarn
into the trembling curd that moves under the network of
    eager fingers.
Daughters of the siesta, pale slugs hidden from the sun,
in any patio with clay pots their poison spreads, and their
    patience,
on twilight terraces, on neighborhood sidewalks,
in spaces polluted with car horns and radio moans,
in every hollow where time is turned into a pullover.
Knit, green woman, damp woman, knit, knit,
pile up that perishable stuff in the lap of the skirt your
    children sprang from,
that slow way of life, that oil of offices and
    universities,
that Sunday afternoon passion in the grandstands.
I know they knit at night, at secret times, they get out of
    bed
and knit in silence, in darkness; I've stayed in hotels
where every dark room was a knitter, a gray
or white sleeve slipping out under the door; and they knit
    in banks,

detrás de los cristales empañados, en las letrinas tejen, y
en los fríos lechos matrimoniales tejen de espaldas al
    ronquido.
Tejen olvido, estupidez y lágrimas,
tejen, de día y noche tejen la ropa interna, tejen la bolsa
    donde se ahoga el corazón,
tejen campanas rojas y mitones violeta para envolvernos las
    rodillas,
y nuestra voz es el ovillo para tu tejido, araña amor, y este
    canscancio
nos cubre, arropa el alma con punto cruz punto cadena
    Santa Clara,
la muerte es un tejido sin color y nos lo estás tejiendo.
¡Ahí vienen, vienen! Monstruos de nombre blando,
    tejedoras,
hacendosas mujeres de los hogares nacionales, oficinistas,
    rubias
mantenidas, pálidas novicias. Los marineros tejen,
las enfermas envueltas en biombos tejen para el
    insomnio,
del rascacielo bajan flecos enormes de tejidos, la
    ciudad
está envuelta en lanas como vómitos verdes y violeta.
Ya están aquí, ya se levantan sin hablar,
solamente las manos donde agujas brillantes van y vienen,
y tienen manos en la cara, en cada seno tienen
    manos, son

they knit in bathrooms behind misty windows, and
in cold beds they knit with their backs to their snoring
    husbands.
They knit oblivion, stupidity and tears,
they knit, night and day they knit our inner clothes, they
    knit the bag where our heart is smothered,
they knit red bells and purple gloves to wrap around our
    knees,
and our voice is the ball of yarn for your knitted web,
    spider love, and this weariness
covers us, dresses the soul in a knit-purl-knit Santa Clara
    chain stitch,
death is a colorless web and you're knitting it for us.
Here they come, they're coming—monsters with soft
    names, knitters,
hardworking women of the nation's homes, office workers,
    kept
blondes, pale young nuns. Sailors knit,
sick old ladies hidden behind screens knit for their
    insomnia,
huge frayed fringes of knitting fly out of skyscrapers, the
    city
is tangled in yarn like strands of green and violet vomit.
Now they're here, now they're getting up without a word,
only their hands where gleaming needles flash,
and they have hands in their faces, hands coming out of
    their breasts, they're

ciempiés son cienmanos tejiendo en un silencio
  insoportable
de tangos y discursos.

centipedes they're centihands knitting in an insufferable
   silence
of tangos and speeches.

LA MUFA

Vos ves la Cruz del Sur,
respirás el verano con su olor a duraznos,
y caminás de noche
mi pequeño fantasma silencioso
por ese Buenos Aires,

por ese siempre mismo Buenos Aires.

BLUE FUNK

You see the Southern Cross,
you breathe the summer with its smell of peaches,
and you walk at night
my little silent ghost
through that Buenos Aires,

always through that same Buenos Aires.

VEREDAS DE BUENOS AIRES

De este texto nació un tango,
con música de Edgardo Cantón.

De pibes la llamamos la vedera
y a ella le gustó que la quisiéramos.
En su lomo sufrido dibujamos
tantas rayuelas.

Después, ya más compadres, taconeando,
dimos vueltas manzana con la barra,
silbando fuerte para que la rubia
del almacén saliera a la ventana.

A mí me tocó un día irme muy lejos
pero no me olvidé de las vederas.
Aquí o allá las siento en los tamangos
como la fiel caricia de mi tierra.

SIDEWALKS OF BUENOS AIRES

From this text was born a tango,
with music by Edgardo Cantón.

When we were little we called it the walkside
and it liked the way we loved it.
On its suffering back we drew
so many hopscotch squares.

Later, full of ourselves, bootheels rapping,
the gang of us would strut around the block
whistling as loud as we could so the blonde
at work would come to the window of her shop.

One day my turn came to go far away
but I never forgot the walksides.
Here or there I feel them in my boots
like the faithful touch of my land.

QUIZÁ LA MÁS QUERIDA

Me diste la intemperie,
la leve sombra de tu mano
pasando por mi cara.
Me diste el frío, la distancia,
el amargo café de medianoche
entre mesas vacías.

Siempre empezó a llover
en la mitad de la película,
la flor que te llevé tenía
una araña esperando entre los pétalos.

Creo que lo sabías
y que favoreciste la desgracia.
Siempre olvidé el paraguas
antes de ir a buscarte,
el restaurante estaba lleno
y voceaban la guerra en las esquinas.

Fui una letra de tango
para tu indiferente melodía.

MAYBE THE MOST BELOVED

You gave me stormy weather
with just the shadow of your hand
across my face.
You gave me coldness, distance,
bitter midnight coffee
among empty tables.

It always started raining
in the middle of the movie,
and waiting amid the petals
of the flower I brought you: a spider.

I think you knew it was there
and enjoyed the awkward moment.
I always forgot the umbrella
when I went to pick you up,
the restaurant was always crowded
and on the corners they were hawking war.

I was a tango lyric
to your indifferent tune.

MILONGA

*El Tata Cedrón cantó esta milonga
con música de Edgardo Cantón.*

Extraño la Cruz del Sur
cuando la sed me hace alzar la cabeza
para beber tu vino negro medianoche.
Y extraño las esquinas con almacenes dormilones
donde el perfume de la yerba tiembla en la piel del aire.

Comprender que eso está siempre allá
como un bolsillo donde a cada rato
la mano busca una moneda el cortapluma el peine
la mano infatigable de una oscura memoria
que recuenta sus muertos.

La Cruz del Sur el mate amargo.
Y las voces de amigos
usándose con otros.

*Cuando escribí este poema todavía me quedaban amigos en mi tierra; después los
mataron o se perdieron en un silencio burocrático o jubilatorio, se fueron silenciosos a
vivir al Canadá o a Suecia o están desaparecidos y sus nombres son apenas nombres
en la interminable lista. Los dos últimos versos del poema están limados por el presente:
ya ni siquiera puedo imaginar las voces de esos amigos hablando con otras gentes.
Ojalá fuera así. ¿Pero de qué estarán hablando, si hablan?*

MILONGA

*Tata Cedrón sang this milonga
to music by Edgardo Cantón.*

I miss the Southern Cross
when thirst makes me raise my head
to drink your black wine midnight.
And I miss the streetcorners with their sleepy stores
where the air's skin trembles with the smell of *yerba*.

To understand that it's always there
like a pocket where every so often
my hand feels for change my penknife my comb
the tireless hand of some dark memory
counting its dead.

Southern Cross bitter *mate*.
And the voices of friends
getting used to others.

*When I wrote this poem I still had friends in my land; later they were killed or lost in
a pensioned-off or bureaucratic silence, they went away quietly to live in Canada or
Sweden or they're disappeared and their names are barely names on the endless list.
The poem's last two lines are trimmed by the present: now I can't even imagine the
voices of those friends speaking with other people. If only it were so. But I wonder
what they're talking about, if they're talking.*

EL BREVE AMOR

Con qué tersa dulzura
me levanta del lecho en que soñaba
profundas plantaciones perfumadas,

me pasea los dedos por la piel y me dibuja
en el espacio, en vilo, hasta que el beso
se posa curvo y recurrente

para que a fuego lento empiece
la danza cadenciosa de la hoguera
tejiéndonos en ráfagas, en hélices,
ir y venir de un huracán de humo —

(¿Por qué, después,
lo que queda de mí
es sólo un anegarse entre cenizas
sin un adiós, sin nada más que el gesto
de liberar las manos?)

THE BRIEF LOVE

How smoothly and how sweetly
she lifts me from the bed where I was dreaming
of profound and fragrant fields,

she runs her fingers over my skin and sketches me
in space, suspended, until the kiss
alights curved and recurrent

a slow flame kindling
the rhythmic dance of the bonfire
weaving us together in flashes, in spirals,
going and coming in a storm of smoke —

(So why is
what's left of me, afterwards,
just a sinking into ashes
without a goodbye, with nothing more than a gesture
of letting our hands go free?)

AFTER SUCH PLEASURES

Esta noche, buscando tu boca en otra boca,
casi creyéndolo, porque así de ciego es este río
que me tira en mujer y me sumerge entre sus
     párpados,
qué tristeza nadar al fin hacia la orilla del sopor
sabiendo que el placer es ese esclavo innoble
que acepta las monedas falsas, las circula sonriendo.

Olvidada pureza, cómo quisiera rescatar
ese dolor de Buenos Aires, esa espera sin pausas ni
     esperanza.
Solo en mi casa abierta sobre el puerto
otra vez empezar a quererte,
otra vez encontrarte en el café de la mañana
sin que tanta cosa irrenunciable
hubiera sucedido.
Y no tener que acordarme de este olvido
     que sube
para nada, para borrar del pizarrón tus muñequitos
y no dejarme más que una ventana sin estrellas.

AFTER SUCH PLEASURES

Tonight, seeking your mouth in another mouth,
almost believing it, because that's how blind this river is
that throws me into some woman and submerges me in her
    eyes,
and it's sad to swim finally toward the shore of sleep
knowing pleasure is that lowlife slave
who accepts counterfeit coins and circulates them, smiling.

Forgotten purity, how could I hope to recover
that ache of Buenos Aires, that ceaseless hopeless
    expectation.
Alone in my open house above the port
to begin being in love with you again,
to meet you again over the morning coffee
with nothing that can't be forgiven
having occurred.
And without my having to remember this oblivion
    that rises
to no purpose, to erase your squiggles from the blackboard
and leave me nothing more than a starless window.

HAPPY NEW YEAR

Mira, no pido mucho,
solamente tu mano, tenerla
como un sapito que duerme así contento.
Necesito esa puerta que me dabas
para entrar a tu mundo, ese trocito
de azúcar verde, de redondo alegre.
¿No me prestas tu mano en esta noche
de fin de año de lechuzas roncas?
No puedes, por razones técnicas. Entonces
la tramo en aire, urdiendo cada dedo,
el durazno sedoso de la palma
y el dorso, ese país de azules árboles.
Así la tomo y la sostengo, como
si de ello dependiera
muchísimo del mundo,
la sucesión de las cuatro estaciones,
el canto de los gallos, el amor de los hombres.

31/12/1951

HAPPY NEW YEAR

Look, I don't ask much,
just your hand, to hold it
like a little toad who'd sleep there happily.
I need that door you gave me
for coming into your world, that little chunk
of green sugar, of a lucky ring.
Can't you just spare me your hand tonight
at the end of a year of hoarse-voiced owls?
You can't, for technical reasons. So
I weave it in the air, warping each finger,
the silky peach of the palm
and the back, that country of blue trees.
That's how I take it and hold it, as
if so much of the world
depended on it,
the succession of the four seasons,
the crowing of the roosters, the love of human beings.

12/31/1951

Una tradición que dura acaso por inercia o por miedo hace que pocos poetas comenten su propia obra, aterrados acaso después de lo que pasó con San Juan de la Cruz, o lo hacen sin entrar en la raigambre, como si eso fuera coto de caza de los críticos. (La *Autobiografía* de Yeats lo da a entender, o unas conferencias que le escuché a Octavio Paz en México, magníficas como lección de poética pero dejando que los poemas fueran más un ejemplo que una indagación). Bien mirado, están en lo cierto. Mi única crítica posible es la elección que voy haciendo; estos pameos son mis amores, mis bebidas, mis tabacos; sé que los critico como se critica lo que se ama, es decir muy mal, pero en cambio los acaricio y los voy juntando aquí para esas horas en que algo llama desde el pasado, busca volver, resbala en el tiempo, devuelve o reclama. Agenda telefónica de las altas horas, ronda de gatos bajo una luna de papel.

One tradition that lasts perhaps through inertia or out of fear is that few poets dare to comment on their own work, possibly terrified after what happened to St. John of the Cross, or they do it but without going into the roots, as if that were the hunting ground of critics only. (Yeats's *Autobiography* makes this clear, or some lectures I heard Octavio Paz give in Mexico, magnificent as lessons in poetics but letting the poems serve more as examples than subject to examination.) Looked at clearly, they're right. My only possible criticism is in the selection I'm making; these peoms are my loves, my drinks, my smokes; I know I critique them as one critiques what one loves, which is to say very badly, but on the other hand I caress them and am bringing them together here for the sake of those hours when something calls from the past, seeks to return, slides through time, gives back or demands. A little black book for the late hours, cats on the prowl under a paper moon.

LOS AMIGOS

En el tabaco, en el café, en el vino,
al borde de la noche se levantan
como esas voces que a lo lejos cantan
sin que se sepa qué, por el camino.

Livianamente hermanos del destino,
dióscuros, sombras pálidas, me espantan
las moscas de los hábitos, me aguantan
que siga a flote en tanto remolino.

Los muertos hablan más, pero al oído,
y los vivos son mano tibia y techo,
suma de lo ganado y lo perdido.

Así un día, en la barca de la sombra,
de tanta ausencia abrigará mi pecho
esta antigua ternura que los nombra.

FRIENDS

Out of the smokes, the coffee and the wine
they rise to appear at the edge of night
like those voices you hear singing somewhere
far down the street, what song you can't make out.

Brothers whom destiny has loosely bound,
Dioscuri, pale shades, they shoo the flies
of my habits and they keep me afloat
when the vortex threatens to suck me down.

The dead speak louder, whispering the past,
the living are a warm hand and a roof:
my total losses and my total gains.

So one day, when I'm ferried through the gloom,
I'll cinch their absence to me like a vest
of this old tenderness that says their names.

AQUI ALEJANDRA

A Alejandra Pizarnik

Bicho aquí,
aquí contra esto,
pegada a las palabras,
    te reclamo.

Ya es la noche, vení,
no hay nadie en casa

salvo que ya están todas
como vos, como ves,
intercesoras,

llueve en la rue de l'Eperon
y Janis Joplin.

Alejandra, mi bicho,
vení a estas líneas, a este papel de arroz
dale abad a la zorra,
a este fieltro que juega con tu pelo

(Amabas, esas cosas nimias
aboli bibelot d'inanité sonore

118

COME HERE ALEJANDRA

for Alejandra Pizarnik

Come here baby,
up against this,
stuck with just words
    I'm calling you.

This is the night, come,
nobody's home

except for everyone
like you, as you can see,
interveners,

it's raining on the rue de l'Eperon
and Janis Joplin.

Alejandra baby,
come to these lines, this fine paper
where the fox jumps over the lazy dog,
this felt-tip pen that's playing with your hair.

(You loved little things
aboli bibelot d'inanité sonore

las gomas y los sobres
una papelería de juguete
el estuche de lápices
los cuadernos rayados)

Vení, quedate,
tomá este trago, llueve,
te mojarás en la rue Dauphine,
no hay nadie en los cafés repletos,
no te miento, no hay nadie.

Ya sé, es difícil,
es tan difícil encontrarse

    este vaso es difícil,
    este fósforo,

y no te gusta verme en lo que es mío,
en mi ropa en mis libros
y no te gusta esta predilección
por Gerry Mulligan,

quisieras insultarme sin que duela
decir cómo estás vivo, cómo
se puede estar cuando no hay nada
más que la niebla de los cigarrillos,

        envelopes rubberbands erasers
        like a kid in a stationery shop
        pencil cases
        blue-ruled notebooks)

Come, settle down,
have a drink, it's raining,
you'll get wet on rue Dauphine,
the packed cafés are empty,
I'm not kidding, nobody's there.

It's hard, I know,
it's so hard to face yourself,

     this glass is hard,
     this match,

and you don't like seeing me in all my stuff,
my clothes my books
and you don't like my taste
for Gerry Mulligan,

you'd like to insult me without it hurting
to say you're alive, how
it can feel when there's nothing
but a fog of cigarette smoke,

cómo vivís, de qué manera
abrís los ojos cada día
No puede ser, decís, no puede ser.

   Bicho, de acuerdo,
vaya si sé pero es así, Alejandra,
acurrúcate aquí, bebé conmigo,
mirá, las he llamado,
vendrán seguro las intercesoras,
el party para vos, la fiesta entera,

   Erszebet,
   Karen Blixen

ya van cayendo, saben
que es nuestra noche, con el pelo mojado
suben los cuatro pisos, y las viejas
de los departamentos las espían

   Leonora Carrington, mirala,
   Unica Zürn con un murciélago
   Clarice Lispector, agua viva,

burbujas deslizándose desnudas
frotándose a la luz, Remedios Varo
con un reloj de arena donde se agita un laser
y la chica uruguaya que fue buena con vos
sin que jamás supieras
su verdadero nombre,

how you're alive, the way
you open your eyes every day—
It can't be, you say, it just can't be.

    I get it, baby, I hear you,
how could I know, but it's true, Alejandra,
cuddle up here, have a drink with me,
look, I've called them all,
the interveners are on the way
to your party, the whole gang,

    Erszebet,
    Karen Blixen

are dropping in, they know
this is our night, their hair's wet
coming up four flights, and the old ladies
in the other apartments are taking a peek

    at Leonora Carrington, check her out,
    Unica Zürn with a pet bat,
    Clarice Lispector, *agua viva*,

bubbles sliding naked down the windows
snuggling up to the light, Remedios Varo
with an hourglass where a laser's shimmering,
and the Uruguayan girl who was good to you
without your ever knowing
her real name,

qué rejunta, qué húmedo ajedrez,
qué *maison close* de telarañas, de Thelonious,
qué larga hermosa puede ser la noche
con vos y Joni Mitchell
con vos y Hélène Martin
        con las intercesoras

animula   el tabaco
vagula   Anaïs Nin
blandula   vodka tonic

No te vayas, ausente, no te vayas,
jugaremos, verás, ya están llegando
con Ezra Pound y marihuana
con los sobres de sopa y un pescado
que sobrenadará olvidado, eso es seguro,
en una palangana con esponjas
entre supositorios y jamás contestados telegramas.

Olga es un árbol de humo, cómo fuma
esa morocha herida de petreles,

    y Natalía Ginsburg, que desteje
    el ramo de gladiolos que no trajo.

¿Ves, bicho? Así. Tan bien y ya. El scotch
Max Roach, Silvina Ocampo,
Alguien en la cocina hace café

what a gathering, what a juicy chess game,
what a *maison close* of spiderwebs, of Thelonious,
what a long lovely night it'll be
with you and Joni Mitchell
with you and Hélène Martin
        with the interveners

animula   tobacco
vagula   Anaïs Nin
blandula   vodka tonic

Don't go, missing one, don't go,
we'll play, you'll see, you will, here they come
with Ezra Pound and marijuana
with soup packets and a dead fish
floating forgotten, that's for sure,
in a sink with sponges
and suppositories and unread telegrams.

Olga's a tree of smoke, that petrel-
struck brunette can really puff,

        and Natalia Ginsburg, who's unbraiding
        the garland of gladiolas she didn't bring.

See, baby? That's how it is. As good as it gets. Scotch,
Max Roach, Silvina Ocampo,
somebody's making coffee in the kitchen

125

su culebra cantando
dos terrones   un beso
Léo Ferré

No piensas en las ventanas
el detrás   el afuera

Llueve en Rangoon—
           Y qué.

Aquí los juegos. El murmullo
           (consonants de pájaro
           vocales de heliotropo)

Aquí, bichito. Quieta. No hay ventanas ni afuera
y no llueve en Rangoon. Aquí los juegos.

the water's whistling
two sugars   a kiss
Léo Ferré.

Don't think about windows anymore
what's behind them   what's outside

It's raining in Rangoon—
Who cares.

Here we have games. Murmurings
(birdlike consonants
heliotrope vowels)

Come here, baby. Settle down. There's no outside no
windows
and it's not raining in Rangoon. Here we have play.

EL OTRO

¿De dónde viene esa mirada
que a veces sube hasta mis ojos
cuando los dejo sobre un rostro
descansar de tantas distancias?

Es como un agua de cisterna
que brota desde su misterio,
profundidad fuera del tiempo
donde el recuerdo oscuro tiembla.

Metamorfosis, doble rapto
que me descubre el ser distinto
tras esa identidad que finjo
con el mirar enajenado.

THE OTHER

Exactly where does that look come from
which sometimes rises to meet my eyes
when from a long way off I let them
come to rest on a face?

It's like the water in a reservoir
welling up out of its mystery,
a depth on the other side of time
trembling with some dark memory.

Transformation, double enchantment
exposing in me a different self
behind that person I pretend to be
whose look is focused on something else.

LEY DEL POEMA

Amargo precio del poema,
las nueve sílabas del verso;
una de más o una de menos
lo alzan al aire o lo condenan.

Somos el ajedrez de un río,
el naipe siempre entre dos lumbres;
caen las caras y las cruces
a cada curva del camino.

Cae en el verso la palabra,
en el recuerdo llueve el llanto,
cae la noche, cae el pájaro,
todo es caída amortiguada.

¡Oh libertad de no ser libre,
golpe de dados que desata
la sigilosa telaraña
de encrucijadas y deslindes!

Como tu boca a la manzana,
como mis manos a tus senos,
irá la mariposa al fuego
para danzar su última danza.

LAW OF THE POEM

Bitter price of the perfect poem,
precisely nine syllables per line,
not one too many or one too few,
and they'll cite you if it doesn't rhyme.

We are the cards dealt between two fires,
the chess games rivers are known to play,
we win or lose with our heads or tails
at every turn of the curving way.

The words fall into lines of verses,
weeping pours into our memories,
night falls, birds fall, everything plunges
earthward through an air muffling the cries.

Freedom means more than just being free,
it's a throw of dice that disentwines
invisible silent spiderwebs
of intersections and boundary lines.

Like your mouth as it bites an apple,
like my hands as they caress your breasts,
the moth goes flying into the flame
dancing one last dance that never lasts.

A SONNET IN A PENSIVE MOOD

*Para C.C., que paseaba por las
calles de Nairobi.*

Su mono azul le ciñe la cintura,
le amanzana las nalgas y los senos,
la vuelve un muchachito y le da plenos
poderes de liviana arquitectura.

Al viento va la cabellera oscura,
es toda fruta y es toda venenos;
el remar de sus muslos epicenos
inventa una fugaz piscicultura.

Amazona de mono azul, el arte
la fija en este rito paralelo,
cambiante estela a salvo de mudanza;

viejo poeta, mírala mirarte
con ojos que constelan otro cielo
donde no tiene puerto tu esperanza.

A SONNET IN A PENSIVE MOOD

for C.C., walking the
streets of Nairobi

Her blue workshirt is tied at the waist,
shaping the apples of her hips and breasts,
now she's a little boy with all the power
of architecture gliding through the air.

Her dark hair ripples in the streaming wind,
she's made of fruit and also made of poison;
her thighs with their androgynous rowing motion
send fishes swimming toward their spawning ground.

An amazon in a shirt of cloudless blue
whose changing wake is saved from change's flow
by the all-fixing parallel rite of art;

old poet, look at how she looks at you,
her eyes sparkling in some other sky
where your hope will never find a port.

LA CEREMONIA

Te desnudé entre llantos y temblores
sobre una cama abierta a lo infinito,
y si no tuve lástima del grito
ni de las súplicas o los rubores,

fui en cambio el alfarero en los albores,
el fuego y el azar del lento rito,
sentí nacer bajo la arcilla el mito
del retorno a la fuente y a las flores.

En mis brazos tejiste la madeja
rumorosa del tiempo encadenado,
su eternidad de fuego recurrente;

no sé qué viste tú desde tu queja,
yo vi águilas y musgos, fui ese lado
del espejo en que canta la serpiente.

THE CEREMONY

I took off your clothes amid trembling and tears
on a bed that was open to infinity,
and if I had no pity on your protests
nor on your begging nor your flushed face,

I was a potter at the dawn of time,
inside the clay I could feel being born
the slow ritual risk of the live flame,
the mythic return to flowers and to the source.

You wove in my arms the rustling locks
of time's hair linked like a chain
to its eternally recurring fire;

I don't know what you saw through your complaint,
I saw eagles and moss, I had become
that side of the mirror where the serpent sings.

A SONG FOR NINA

Voz que de lejos canta
tal las voces del sueño
agua de los cencerros
bajando la montaña.

Otra vez como entonces
retornas, corazón,
a tu distante amor
de caminos y alcores.

Ya no será la sombra
de los sauces tan fina,
ni el olor de las lilas
te andará por la boca.

Ya no veremos juntos
la vuelta de la tarde,
ni iremos a buscarte,
colmena entre los juncos.

El pichel de agua mansa
que bebías ansiosa
se secará en la sombra
morosa y solitaria.

A SONG FOR NINA

Voice in the distance singing
just like voices in dreams
the watersong of cowbells
flowing down the slopes

again as before
heart you return
to your faraway love
of hills and roads

no more fine shade
cast by the willows
nor the smell of lilacs
drifting through your mouth

together we won't see
the light of evening fall
nor go in search of you
beehive in the reeds

that beer mug full of water
you gulped so thirstily
will dry up in the sad
and solitary shadows

Ah, mírate en el río
que se lleva tu imagen;
así se van las tardes
libres de ti, al olvido.

Inclinado, en el gesto
del que sacia la sed,
¿alguna vez veré
tu cara entre mis dedos?

ah look at yourself in the river
bearing your image away
that's how the evenings slip
free of you into oblivion

bending down like someone
taking a long drink
will I ever see your face
between my hands again?

> *" ... Bettina Brentano que, sin dejar*
> *de ser sincera, vuelca en los*
> *instantes más serios una parte inmensa*
> *de juego. "*

ALBERT BEGUIN, *L 'âme romantique et le rêve*

Que sin dejar de ser sincera... Claro que sí, como clara era Bettina. ¿Por qué en literatura—a semejanza servil de los criterios de la vida corriente—se tiende a creer que la sinceridad sólo se da en la descarga dramática o lírica, y que lo lúdico comporta casi siempre artificio o disimulo? Macedonio, Alfred Jarry, Raymond Roussel, Erik Satie, John Cage, ¿escribieron o compusieron con menos sinceridad que Roberto Arlt o Beethoven?

—Se cura en salud—dice Polanco—, porque ya he visto que barajaba los papelitos esos que se pueden leer de cualquier manera y siempre te sale algo.

—Algo qué—pregunta Calac que hoy está broncoso por algún percance hípico.

Acordándome de que en mis mocedades fui maestro de escuela, les explico:—Trátase, oh amigos, de pameos que, en una presentación ideal deberían fraccionarse en páginas sueltas; el lector podría así barajarlos para que el azar urdiera las muchas metamorfosis posibles de los textos. Como se

140

> *"… Bettina Brentano who, without ceasing*
> *to be sincere, throws into the*
> *most serious moments a large portion*
> *of play."*

ALBERT BEGUIN, L'âme romantique et le rêve

Who without ceasing to be sincere… Of course, as Bettina was well aware. Why is it that in literature—in servile imitation of the standards of contemporary life—one tends to believe that sincerity is offered only in lyric or dramatic expression, and that the ludic serves almost always only as artifice or make-believe? Macedonio, Alfred Jarry, Raymond Roussel, Erik Satie, John Cage—did they write or compose with less sincerity than Roberto Arlt or Beethoven?

"He's practicing preventive medicine," says Polanco, "because I've seen him shuffling those pieces of paper that can be read in any order and something always comes out."

"What kind of something?" asks Calac, whose voice today is hoarse due to some accident of horseplay.

Remembering that in my youth I was a schoolteacher, I explain to them: "We're dealing, my friends, with peoms which, in an ideal presentation, should break themselves up into looseleaf pages; the reader could then shuffle them so that chance could weave the greatest possible number of

sabe, el número de combinaciones es enorme, y por ejemplo el poema 720 *círculos* que incluí con legítimo entusiasmo en *Ultimo round*, alude al número de permutaciones posibles con los seis cuartetos del meopa considerados como unidades. Ya recordé por ahí que Raymond Queneau propuso un libro de sonetos que ofrecía millones de combinaciones posibles, pero nosotros no vamos tan lejos.

—Los juegos electrónicos son más divertidos—dice Polanco.

—Conozco uno en el bar Raimondi que te ofrece treinta y cuatro maneras de hacer saltar un acorazado, pero resulta que cada manera te obliga a elegir entre dos maneras de la manera, y cuando la elegiste te encontrás con que el acorazado se desplazó varios grados de latitud norte, razón por la cual tenés que preferir digamos la manera dieciocho pero con el inconveniente de que haber elegido antes otra manera te priva del conocimiento de las cuatro diferentes maneras en que se puede manejar la manera dieciocho, y entonces... Seguí vos—le dice Polanco a Calac—al final tiendo a confundirme un poco, pero acordate de que el otro dia te gané de punta a punta.

—En fin—digo yo para traerlos de este lado de los acorazados—lo que me queda por agregar es que estos meopas tienen algo de táctil, de tangible en el sentido de piezas de un mosaico que la mano y el ojo pueden recombinar interminablemente; los versos o las estrofas no son tan sólo blo-

metamorphoses from the texts. As you know, the number of combinations is enormous, and for example the poem "720 Circles" which I included with genuine enthusiasm in *Ultimo Round* alludes to the number of possible permutations in the six quatrains of the meop considered as units. I was thinking of how Raymond Queneau proposed a book of sonnets that offered millions of possible combinations, but we're not going that far."

"Video games are more fun," says Polanco. "I know one in the Raimondi bar that offers thirty-four ways to make a battle-ship jump, but it turns out that each way obliges you to choose between two different ways of the way, and when you choose one you find that the battleship has moved several degrees of latitude north, on account of which you have to prefer let's say way number eighteen but with the inconvenience of having selected before another way depriving you of the knowledge of the four different ways in which way number eighteen can be driven, and so…You go on," says Polanco to Calac, "at the end I tend to get a little confused, but remember the other day I beat you point for point."

"Well," I say to bring them back from the battleships, "what remains for me to add is that these meops have something tactile about them, something tangible in the sense of pieces of a mosaic that the hand and the eye can recombine end-lessly; the lines and stanzas are not just semantic blocks,

ques semánticos sino que constituyen piezas mentales, dados, peones, elementos que el jugador lanza sobre el tapete del azar.

—Vos fijate bien—le dice Polanco a Calac—en el orden que elige o acepta para pegar los papelitos antes de mandarlos a la imprenta. Seguro que en medio minuto yo encuentro uno mejor.

—Sí, pero no estará impreso—dice Calac—el tipo nos ventajea siempre en eso.

Los dejo que me miren con el aire consternado que siempre asumen en esas circunstancias, y entremezclo los papelitos en cuestión para ir armando la página a pura goma de pegar. De ninguna manera busco un orden que privilegie una lectura lineal, incluso lamento ciertas secuencias que hubieran podido ser más bellas, pero se trata precisamente de que el lector las encuentre si tiene ganas de jugar. El primer golpe de dados ha sido el mío y soy el lector incial de una secuencia dentro de tantas otras posibles.

Liviana sensualidad de una combinatoria que mima los juegos del amor, a veces en el texto y siempre en las variaciones de los bloques semánticos, versos o estrofas. Todo lector que entra en el poema tal como lo verá aquí lo está poseyendo por primera vez; los nuevos juegos se cumplirán después en lo ya conocido, buscarán zonas y posiciones aún

they constitute mental pieces, dice, pawns, elements the player throws onto the gaming table."

"Take a good look," says Polanco to Calac, "at the order he selects or accepts for putting the pieces of paper together before sending them to the printer. I'm sure in half a minute I can figure out a better one."

"Sure, but it won't get published," says Calac, "the guy always pulls rank on us when it comes to that."

I leave them eyeing me with that air of consternation they always assume in these circumstances, and I mix up the papers in question as I go on assembling the pages with rubber cement. In no way am I looking for an order that favors a linear reading, even though I regret certain sequences which could have been more beautiful, but this has to do precisely with the fact that the reader will find them if he feels like playing. The first throw of the dice has been mine and I'm the first reader in one sequence among so many other possibilities.

A light sensuality in a kind of combinatorial art that mimics the play of love, at times within the text and always in the variations of the semantic blocks, the lines and stanzas. Any reader who enters into the poem as he or she sees it here is possessing it for the first time; new games will be consummated later in what is already familiar, they will seek zones

ignoradas, avanzarán en la infinita novedad erótica como los cuerpos y las inteligencias. Y al igual que en el amor, la fatiga llegará poco a poco para separar los ojos del poema así como separa los cuerpos de la pareja saciada. Si matemáticamente la posibilidad de diferentes lecturas es elevadísima, nadie las agotará porque sería monótono: la memoria se vuelve la antagonista de todo placer demasiado recurrente.

and positions as yet unknown, they will advance into an infinite erotic innovation like that of bodies and intelligences. And just as in love, tiredness will eventually come to separate their eyes from the poem as it does the bodies of the satiated couple. If mathematically the possibility of different readings is astronomical, no one will ever exhaust them because that would be too tedious: memory becomes the antagonist of any pleasure repeated too often.

THE HAPPY CHILD

La breve pausa de la dicha
gira en el aire y es el pétalo
posado apenas en tu pelo
con las abejas de la brisa.

Danzando vas en la belleza
que fluye de esa dicha leve,
oh niña que no ves moverse
las alas de una rosa negra.

THE HAPPY CHILD

That flash of happiness
twists in the air and settles
lightly on your hair like a petal
along with the breeze's bees

Out of this airy happiness flows
the beauty where you go dancing
oh girl blind to the stirring
wings of a black rose

VIAJE INFINITO

la mano que te busca en la penumbra
se detiene en la tibia encrucijada
donde musgo y coral velan la entrada
y un río de luciérnagas alumbra

para el que con tu incendio se ilumina,
cósmico caracol de azul sonoro,
blanco que vibra un címbalo de oro,
último trecho de la jabalina,

sí, portulano, fuego de esmeralda,
sirte y fanal en una misma empresa
cuando la boca navegante besa
la poza más profunda de tu espalda,

suave canibalismo que devora
su presa que lo danza hacia el abismo,
oh laberinto exacto de sí mismo
donde el pavor de la delicia mora,

agua para la sed del que te viaja
mientras la luz que junto al lecho vela
baja a tus muslos su húmeda gacela
y al fin la estremecida flor desgaja

INFINITE VOYAGE

the hand searching for you in the shadows
pauses at the warm fork in the road
where moss and coral guard the entryway
illumined by a river of fireflies

for him who finds himself lit by your fire
a cosmic spiral of resonant blue
bull's-eye vibrating a golden cymbal
target toward which the javelin aspires

harbor whose chart is emeralds ablaze
when the sailing mouth headed for shore kisses
the deepest pool in the curve of your back
sandbar and beacon are one and the same

oh labyrinthine image of the self
this cannibalism gently devouring
its prey which dances it toward the abyss
where all the terror of pleasure dwells

water for thirst journeying toward your port
while the light standing guard beside your bed
lowers its damp gazelle to touch your thighs
and at last the shuddering flower is torn apart

HABLEN, TIENEN TRES MINUTOS

De vuelta del paseo
donde junté una florecita para tenerte entre mis dedos un
    momento,
y bebí una botella de Beaujolais, para bajar
    al pozo
donde bailaba un oso luna,
en la penumbra dorada de la lámpara cuelgo mi piel
y sé que estaré solo en la ciudad
más poblada del mundo.

Excusarás este balance histérico, entre fuga a la rata y queja
    de morfina,
teniendo en cuenta que hace frio, llueve sobre mi taza de
    café,
y en cada medialuna la humedad alisa sus patitas de
    esponja.

Máxime sabiendo
que pienso en ti obstinadamente, como una ciega máquina,
como la cifra que repite interminable el gongo de la fiebre,
o el loco que cobija su paloma en la mano, acariciándola
    hora a hora
hasta mezclar los dedos y las plumas en una sola miga de
    ternura.

SPEAK, YOU HAVE THREE MINUTES

Back from a walk
where I picked a little flower so my fingers might briefly
    hold you,
and I drank a bottle of Beaujolais so I might go down in
    the well
where a bear of a moon was dancing,
in the golden shadow of the lamp I hang up my fur
and know that I'm stuck here alone
in the world's most populous city.

You'll excuse this hysterical balance, between a runaway rat
    and a morphine moan,
keeping in mind that it's cold, it's raining into my
    coffee,
and in every croissant the moisture is burnishing its spongy
    little paws.

Especially knowing
I think of you relentlessly, like a blind machine,
like the perpetual pounding of fever's gong,
or the lunatic clutching a pigeon, stroking it hour after
    hour
until his fingers and its feathers fuse into a single crumb of
    tenderness.

Creo que sospecharás esto que ocurre,
como yo te presiento a la distancia en tu ciudad,
volviendo del paseo donde quizá juntaste
la misma florecita, un poco por botánica,
un poco porque aquí,
porque es preciso
que no estemos tan solos, que nos demos
un pétalo, aunque sea un pastito, una pelusa.

I guess you must suspect what's going on,
as I sense you in your faraway city,
coming back from a walk where perhaps you picked
the same little flower, some for saving,
some for here,
for our need
not to be so alone, to give each other
a petal, even if it's just a bit of grass, of fuzz.

LIQUIDACIÓN DE SALDOS

Me siento morir en ti, atravesado de espacios
que crecen, que me comen igual que mariposas
    hambrientas.
Cierro los ojos y estoy tendido en tu memoria, apenas vivo,
con los abiertos labios donde remonta el río del olvido.
Y tú, con delicadas pinzas de paciencia me arrancas
los dientes, las pestañas, me desnudas
el trébol de la voz, la sombra del deseo,
vas abriendo en mi nombre ventanas al espacio
y agujeros azules en mi pecho
por donde los veranos huyen lamentándose.
Transparente, aguzado, entretejido de aire
floto en la duermevela, y todavía
digo tu nombre y te despierto acongojada.
Pero te esfuerzas y me olvidas,
yo soy apenas la burbuja
que te refleja, que destruirás
con sólo un parpadeo.

CLEARANCE SALE

I feel myself dying in you, overtaken by expanding
spaces, which feed on me just like hungry
    butterflies.
I close my eyes and I'm laid out in your memory, barely
    alive,
with my mouth wide open and the river of oblivion rising.
And you, patiently, with needle-nosed pliers, pull out
my teeth, my eyelashes, you strip
the clover from my voice, the shade from my desire,
you open up windows of space in my name
and blue holes in my chest
through which the summers rush out in mourning.
Transparent, sharpened, interwoven with air
I float in a drowse, and still
I say your name and wake you, anguished.
But you force yourself to forget me,
and I'm barely a bubble
reflecting you, which you'll burst
with the blink of an eye.

LAS POLILLAS

Apresúrate a fijarte en mi
si te importan tu cara y tu cabello.
No sabes qué peligro, qué galope de mar
corre hacia atrás para anegarte.
Cada paisaje, cada rostro nuevo es una gubia
hollando tus mejillas,
cada nombre
cae sobre tu nombre como un águila muerta.
Eres la ahogada del Sena, cómo salvarte
si las mujeres de Picasso te corroen con líquidas caricias
y al despertar te pienso y eres otra
aunque persiga hasta la sed tu cara
buscándote en cajones y retratos,
abandonado a una pequeña, inútil
noche de lluvia entre mis manos.
¡No te dejes destruir,
oh, no me cedas la victoria fácil!
Yo lucho como un árbol,
pero tú eres el pájaro allí arriba:
qué puedo hacerle al viento que me quita tu canto
si tú le das las alas!

MOTHS

Hurry and look at me
if your face and your hair still matter to you.
You have no idea what danger, what a pounding sea
is pulling back its riptide to erase you.
Every landscape, every new face is a gouge
driven through your cheeks,
every name
falls on your name like a dead eagle.
You're the drowned woman of the Seine, how can I save you
if Picasso's women corrode you with liquid caresses
and on waking I think of you and you're someone else
even if I chase your face till I'm parched
looking for you in boxes and in pictures,
abandoned to a tiny useless
night of rain that's falling through my hands.
Don't let yourself be destroyed,
don't give me such an easy victory!
I'm thrashing like a tree,
but you're the bird high overhead:
what can I do to the wind that steals your song
if you supply its wings!

ENCARGO

No me des tregua, no me perdones nunca.
Hostígame en la sangre, que cada cosa cruel sea tú que
    vuelves.
¡No me dejes dormir, no me des paz!
Entonces ganaré mi reino,
naceré lentamente.
No me pierdas como una música fácil, no seas caricia ni
    guante;
tállame como un sílex, desespérame.
Guarda tu amor humano, tu sonrisa, tu pelo. Dálos.
Ven a mí con tu cólera seca de fósforo y escamas.
Grita. Vomítame arena en la boca, rómpeme las fauces.
No me importa ignorarte en pleno día,
saber que juegas cara al sol y al hombre.
Compártelo.

Yo te pido la cruel ceremonia del tajo,
lo que nadie te pide: las espinas
hasta el hueso. Arráncame esta cara infame,
oblígame a gritar al fin mi verdadero nombre.

París, 1951/1952

ASSIGNMENT

Give me no rest, never forgive me.
Whip my blood, let every cruel thing be you returning.
Don't let me sleep, don't leave me in peace.
Then I will earn my kingdom,
slowly I'll be born.
Don't let me fade away like some stupid song, don't be the
    stroke of a glove;
chop me up like a blender, drive me to despair.
Keep your human love, your smile, your hair. Give them
    away.
Come to me with your parched rage of phosphorous and
    fish scales.
Scream. Puke sand into my mouth, shatter my throat.
Who cares if I never see you in the light of day,
if I know you're playing with some man, face to the sun.
Go ahead and share it.

I'm asking for the cruel ritual of the chopping block,
what nobody else will ask for: thorns
down to the bone. Rip away this disgusting face,
let me cry out my real name at last.

Paris, 1951/1952

161

"LE DÔME"

Montparnasse

A la sospecha de imperfección universal
  contribuye
este recuerdo que me legas, una cara entre espejos y
  platillos sucios.
A la certidumbre de que el sol está envenenado,
de que en cada grano de trigo se agita el arma de la ruina,
aboga la torpeza de nuestra última hora
que debió transcurrir en claro, en un silencio
donde lo que quedaba por decir se dijera sin menguas.
Pero no fue así, y nos separamos
verdaderamente como lo merecíamos, en un café
  mugriento,
rodeados de larvas y colillas,
mezclando pobres besos con la resaca de la noche.

"LE DÔME"

Montparnasse

This keepsake you've bequeathed me, a face among mirrors
    and dirty saucers,
contributes to my suspicion that the universe
    isn't perfect.
The awkwardness of our last hour together
argues the certainty that the sun is poisoned,
that inside every grain of wheat a deadly weapon trembles,
when it all should have come clear, in a silence
where nothing would have been left unsaid.
But that's not how it was, and we parted
the way we deserved to, really, in a
    filthy café,
surrounded by ghosts and cigarette butts,
mixing our pitiful kisses with night's undertow.

Calac sigue rondando mi mesa y da la impresión de divertirse bastante. Jamás aprobará lo que hago, precisamente porque es mi mejor *alter ego*. Pero su relativo silencio es una suerte de aceptación de todo esto que inquieta a mi yo más metódico, por ejemplo que en vez de sistematizar desenrollo simplemente el piolín de esta madeja de papeles acumulados a lo largo de cuatro décadas cuatro. Sigo sacando hojitas de cuadernos y carpetas, tiro las que ya no me dicen nada, juego con un azar en que tiempos y ánimos saltan como las piezas de un puzzle revuelto. Calac parece comprender que una clasificación previa por temas o periodo no parece la buena regla del juego, y que gracias a eso la baraja me va poniendo inesperadas secuencias en la mano. Nos estamos divirtiendo de veras, Calac y yo, mientras Polanco rabia en su rincón y murmura cosas como técnicas estocásticas inadmisibles, o procesos aleatorios dignos de una mosca dibujando su propio vuelo para nadie o de una cucaracha jugando contra Bobby Fischer en un embaldosado.

Imagino que hacia el final aparecerán pameos y prosemas que hubieran debido estar en lo ya ensamblado, pero si este

Calac keeps circling my table and gives the impression he's having a good enough time. He'll never approve of what I'm doing, precisely because he's my best *alter ego*, but his relative silence is a lucky acceptance of all this that disturbs my most methodical self, for example that instead of systematizing I'm simply unraveling the thread of this mess of papers piled up over four yes four decades. I keep on pulling pages out of notebooks and folders, I throw out the ones that have nothing to say to me now, I play with a sense of chance in which times and energies tumble like pieces of some scrambled puzzle. Calac seems to understand that any previous classification by theme or period doesn't appear to be the best rule of the game, and that thanks to this the deck keeps placing unexpected sequences in my hand. We're really enjoying ourselves, Calac and I, while Polanco is getting upset in his corner and mutters something about unacceptable stochastic techniques, or aleatory processes worthy of a fly tracing its own trajectory for nobody's sake or of a cockroach playing chess on a tile floor against Bobby Fischer.

I imagine that toward the end peoms or prosems will appear

libro no es plástico, no es nada. Por ahora lo que más nos gusta a Calac y a mí es que las cosas saltan como ranitas cadenciosas desde sus pozos de papel a la máquina de escribir que las pone en fila, y en eso los meopas se parecen muchísimo a mi gata Flanelle (*honi soit qui mal y pense* en la Argentina: Flanelle se llama así por su pelaje y no por su líbido), que también brinca cada tanto a mi mesa para explorar lápices, pipas y manuscritos. Todo aquí es tan libre, tan posible, tan gato.

which should have gone into what's assembled already, but this book is nothing if not elastic. But now what Calac and I like most of all is that things are jumping like little frogs from their puddles of paper into the typewriter which is putting them in line, and in this the meops greatly resemble my cat Flanelle (*honni soit qui mal y pense* in Argentina: Flanelle was named for her coat not her libido), who also every so often liked to jump on my table to explore pencils, pipes and manuscripts. Everything here is so free, so possible, so catlike.

TALA

Llévese estos ojos, piedritas de colores,
esta nariz de tótem, estos labios que saben
todas las tablas de multiplicar y las poesías más selectas.
Le doy la cara entera, con la lengua y el pelo,
me quito uñas y dientes y le completo el peso.

No sirve
esta manera de sentir. Qué ojos ni qué dedos.
Ni esa comida recalentada, la memoria,
ni la atención, como una cotorrita perniciosa.
Tome las inducciones y las perchas
donde cuelgan palabras lavadas y planchadas.
Arree con la casa, fuera todo,
déjeme como un hueco o una estaca.

Tal vez entonces, cuando no me valga
la generosidad de Dios, ese boy-scout,
y esté igual que la alfombra que ha aguantado
su lenta lluvia de zapatos ochenta años
y es urdimbre nomás, claro esqueleto donde
se borraron los ricos pavorreales de plata,

puede ser que sin voz diga tu nombre cierto,
puede ocurrir que alcance sin manos
    tu cintura.

CLEARCUT

Take away these eyes, little colored stones,
this totem of a nose, these lips that know
all the multiplication tables and a fine selection of poems.
I give you my whole face, tongue and hair included,
I'll rip out my nails and teeth to complete the package.

These ways of feeling
won't do. Neither the eyes nor the fingers.
Nor those reheated leftovers, memories,
nor kindness, like an evil little parakeet.
Take the inductive reasonings and the racks
where the washed and ironed words are hanging.
Ransack the whole house, everything out,
leave me like a hole or a stump.

Possibly then, when God, that Boy Scout,
and his benevolence are worthless to me,
and I'm no better than some rug that's put up
with its steady drizzle of shoes for eighty years
and there's nothing left but the warp, a see-through skeleton
whose silver peacocks have been worn away,

it could be, without my voice, I'll be able to say your name,
it could happen, without my hands, I'll be able to reach
   your waist.

SI HE DE VIVIR

Si he de vivir sin ti, que sea duro y cruento,
la sopa fría, los zapatos rotos, o que en mitad de la
    opulencia
se alce la rama seca de la tos, ladrándome
tu nombre deformado, las vocales de espuma, y en los
    dedos
se me peguen las sábanas, y nada me dé paz.
No aprenderé por eso a quererte mejor,
pero desalojado de la felicidad
sabré cuánta me dabas con solamente a veces estar
    cerca.
Esto creo entenderlo, pero me engaño:
hará falta la escarcha del dintel
para que el guarecido en el portal comprenda
la luz del comedor, los manteles de leche, y el
    aroma
del pan que pasa su morena mano por la hendija.

Tan lejos ya de ti
como un ojo del otro,
de esta asumida adversidad
nacerá la mirada que por fin te merezca.

IF I'M TO LIVE

If I'm to live without you, let it be hard and bloody,
cold soup, broken shoes, or in the midst of
    opulence
let the dry branch of a cough jerk through me, barking
your twisted name, the foaming vowels, and let the
    bedsheets
stick to my fingers, and nothing give me peace.
I won't learn to love you any better this way,
but abandoned by happiness
I'll know how much you gave me just by sometimes being
    around.
I think I understand this, but I'm kidding myself:
there'll need to be frost on the lintel
so the one taking shelter in the vestibule feels
the light in the dining room, the milky tablecloths, and the
    smell
of bread passing its brown hand through the crack.

As far apart from you
as one eye from the other,
out of this affliction I've taken on
will be born the gaze that deserves you at last.

A UNA MUJER

No hay que llorar porque las plantas crecen en tu balcón,
    no hay que estar triste
si una vez más la rubia carrera de las nubes te reitera lo
    inmóvil,
ese permanecer en tanta fuga. Porque la nube estará
    ahí,
constante en su inconstancia cuando tú, cuando yo — pero
    por qué nombrar el polvo y la ceniza.

Sí, nos equivocábamos creyendo que el paso por el día
ero lo efímero, el agua que resbala por las hojas hasta
    hundirse en la tierra.

Sólo dura lo efímero, esa estúpida planta que ignora la
    tortuga,
esa blanda tortuga que tantea en la eternidad con ojos
    huecos,
y el sonido sin música, la palabra sin canto, la cópula sin
    grito de agonía,
las torres del maíz, los ciegos montes.
Nosotros, maniatados a una conciencia que es el tiempo,
no nos movemos del terror y la delicia,
y sus verdugos delicadamente nos arrancan los párpados

TO A WOMAN

There's no need to cry over the plants on your balcony
    growing, no need to be sad
if the blond clouds racing reiterate what stands
    still,
what abides in so much flight. Because the cloud will be
    there,
steady in its inconstancy when you, when I — but why put
    a name on ashes and dust.

Yes, we made the mistake of believing what passed all day
was the ephemeral, water sliding off leaves to sink in the
    earth.

When the ephemeral is all that lasts, that stupid plant that
    doesn't see the turtle,
the soft-headed turtle with empty eyes groping its way
    through eternity,
and the sound without music, the words with no song, the
    coupling without a cry of agony,
the towers of corn, the blind mountains.
Handcuffed to consciousness, also known as time,
we can't pull away from pleasure and terror,
and their thugs very carefully tear off our eyelids

para dejarnos ver sin tregua cómo crecen las plantas del
    balcón,
cómo corren las nubes al futuro.

¿Qué quiere decir esto? Nada, una taza de té.
No hay drama en el murmullo, y tú eres
    la silueta de papel
que las tijeras van salvando de lo informe: oh vanidad de
    creer
que se nace o se muere,
cuando lo único real es el hueco que queda en el papel,
el gólem que nos sigue sollozando en sueños y
    en olvido.

to leave us watching nonstop how the plants on the
   balcony grow,
how the clouds flow into the future.

What does this mean? Nothing, a cup of tea.
There's no drama hidden in the whispering, and you're just
   the outline on paper
these scissors are saving from formlessness: how vain to
   believe
we're born or we die
when all that's real is the hole left in the page,
the golem that follows us sobbing through dreams and
   through what's forgotten.

RESUMEN EN OTOÑO

En la bóveda de la tarde cada pájaro es un punto del
   recuerdo.
Asombra a veces que el fervor del tiempo
vuelva, sin cuerpo vuelva, ya sin motivo vuelva;
que la belleza, tan breve en su violento amor
nos guarde un eco en el descenso de la noche.

Y así, qué más que estarse con los brazos caídos,
el corazón amontonado y ese sabor de polvo
que fue rosa o camino —
El vuelo excede el ala.
Sin humildad, saber que esto que resta
fue ganado a la sombra por obra de silencio;
que la rama en la mano, que la lágrima oscura
son heredad, el hombre con su historia,
la lámpara que alumbra.

AUTUMN SUMMARY

In evening's dome each bird is a point of
    memory.
It's amazing sometimes how the years' fervor
returns, returns without a body, returns for no reason at all;
how beauty, so brief in its violent love,
saves us an echo as night falls.

And so, what can you do but stand there slack-armed,
your heart overloaded and that taste of dust
that was a rose or a road —
Flight outflies the wing.
Without humility you know this remnant
was wrung from the dark by the work of silence,
that the branch in your hand, the dark tear
are your inheritance, the man with his story,
the lamp shining its light.

TUMBAS ETRUSCAS

Una postrera vanidad retiene estas figures,
esta aterida terracota que los túmulos
han protegido de los vientos y las hordas.
La esposa y el esposo,
el perro fiel, el cántaro,
los dones para el lento itinerario
(*hacia oriente bogando luminosos,*
que no ceda la barca al arpón de Tuculca,
a la horrible region de noroeste).

Afuera, oh vida bajo el sol, árbol de nubes!
¿Cómo agobiarse al peso viscoso de la sombra,
entregar tanto mármol, tanta sangre de espuma
a las madejas rotas del olvido?

Por eso este policromado simulacro y esta vida en
    suspenso,
la tumba que es también la casa,
la muerte que se ha vuelto costumbre y ceremonia.
Una cíclica fiesta circular en las paredes
con sus rojos, sus verdes, sus ordenadas tierras.

La mujer no se aparta del tálamo infinito,
el perro vela, no hay demonios.

ETRUSCAN TOMBS

A final vanity preserves these figures,
this numb terra cotta the graves
have sheltered from the wind and the pillaging hordes.
The wife, the husband,
the faithful dog, the wine pitcher,
gifts for the long journey
(*rowing luminous into the sunrise,*
let their boat be safe from Tuculca's harpoon,
up in the horrible Northwest).

Outside, life under the sun, trees full of clouds!
How can they stand the viscous weight of the dark,
deliver so much marble, so much bloody foam
into the tangled wreckage of oblivion?

And so this colorful simulacrum, this frozen life,
the tomb that doubles as a home,
death rendered ceremonial, a ritual.
A cyclical festival circles the walls
with its reds, its greens, its ordered fields.

The bride never leaves the bed that never ends,
the dog keeps watch, there are no demons.

(Sóla falta—se puede no nombrarlo—el azar de los
    huéspedes,
las migas en el suelo, la antorcha que gotea,
el grito de un esclavo castigado.
Sólo faltan—se puede no nombrarlos—
los años a y los meses y los días,
los diástoles, los sístoles. Apenas
un temblor en las túnicas, perfectas
en su ordenada pulcritud).

Pero el festín inmóvil sigue, el viaje sigue abajo,
se está a salvo de cambio, nada moja
estas mejillas que ha pulido el fuego,
que el tiempo desconoce en su carrera
aire arriba, en los árboles que pasan y se alternan.

Un pastor sobre el túmulo
canta para la brisa.

(All that's missing—it need not be named—is the chance
    of guests,
the crumbs on the floor, the dripping torch,
the scream of a slave being whipped.
All that's missing—it need not be named—
the years and the months and the days,
the heartbeats, heartbeats. Scarcely
a rippling of the tunics, perfect
in their perfectly sculpted pulchritude.)

But the motionless party goes on, the journey goes on
    below,
everything's safe from change, nothing dampens
these fire-burnished cheeks,
unknown by time in its passing
through the air above, through the rustling trees.

A shepherd on top of a grave
is singing into the breeze.

NOTRE-DAME LA NUIT

Ahí estás en espacio, oleaje de campanas,
insoportable libertad en toda tu estatura levantada,
mendiga, grave perra,
mira, yo simplemente asisto y esto
nace.
Del aborrecimiento que me humilla contra el circo de
    espinas,
turbio diluvio, carro de holocausto que arrasa el pavimento,
qué tregua de delfines devora este silencio donde te estoy
    mirando,
desollado de insomnio, acostándome al filo de la plaza
para ser uno con tu sombra.

Odio la vanidad que te sostiene,
la irrisión de tanta mansedumbre, el pueblo de figuras que te
    corre por la piel;
aborrezco la lenta preparación del juego,
gata sobre la alfombra donde se estrellan cabalgadas de reyes
    con antorchas,
la zarpa atormentando el orden de la noche,
sometiendo el fragor de la batalla, la anhelante ciudad
a tu pelaje de ceniza contra el tiempo.

NOTRE-DAME LA NUIT

There you stand in space, surf-crashing churchbells,
unbearable freedom in all your towering height,
beggar woman, serious bitch,
look, I'm simply here and this
is born.
Out of the loathing that humbles me against the circus of
    thorns,
muddy flood, holocaust freightcar flattening the pavement,
what a peaceful interlude worthy of dolphins consumes this
    silence where I'm watching you,
flayed with insomnia, lying down at the square's edge
to be one with your shadow.

I hate the vanity that holds you up,
the mockery of so much gentleness, the crowd of figures
    crawling over your skin;
I detest the slow arrangement of the game,
cat on a carpet where mounted bands of torch-bearing kings
    are clashing,
your paw tormenting the night's order,
subduing the battle's noise, the gasping city
at your ashen pelt designed to resist time.

¿Aceptarás esta avalancha de rechazo que contra ti
me cierra,
el tráfico que más allá de toda lengua se une con tu cintura
    inabrazable?
Esto te digo, y muere. Pero tú sabes escuchar
el juego verdadero, el árbol del encuentro,
y en el incendio de maitines
una flagelación de bronce nos agita
enlazados a gritos entre
ángeles carcomidos y quimeras,
rodando en una misma imagen y debate
de leviatán, garganta roja
que me repele y me vomita hasta
arrojarme a la calzada
como tu sombra, esa pared de tiempo.

Pero me yergo y me sostengo contra, madre de las lepras,
    tortuga infinitud,
y poco a poco retrocedo al canto original, a la pureza
    extrema,
al oprobio de infancia, a la saliva dulce de la leche,
al existir en aire y fabula, al modo en que se accede y se
    conoce,
para conmigo hacerte pan, para en eterno desleírte.
Oh no fugues, marsopa, ésta es la hora en que

Will you accept this avalanche of rejection that shuts me
away from you,
the traffic beyond all language wrapping your unembraceable
waist?
I say this and it dies. But you know how to listen
to the true game, the meeting place,
and in the flash of matins
a bronze flagellation shakes us
entwined crying out among
corroded angels and monsters,
tumbling in a single image and fight
with Leviathan, red throat
gagging and vomiting me,
throwing me down on the road
like your shadow, that wall of time.

But I get up and resist you, mother of leprosies, tortoise
infinity,
and slowly find my way back to the first song, to the last
innocence,
to the shame of childhood, to saliva's milky sweetness,
to existence in air and fable, to the way one gives in and
settles,
in order to make myself your bread, in order to melt you
forever.
Oh don't swim away now, porpoise, this is the time when

me atraigo al día cereal, al claro gesto del pichel que danza
    el agua,
y ciego a la ciudad embisto los portales
bajo los órdenes que en vano te escudan de este amor,
salgo a tu centro en una danza de hoja seca, lengua de
    torbellino,
balbuceo del alma para incluirte y anegarte.
¡Oh noche, aquí está el día!

Otra vez es la sombra,
otra vez desde fuera te figuro,
vestido, solo, plaza.
Ahí estás liberada;
te miro desde mí, de tan abajo y vuelto.
Pero me yergo y me sostengo:
duerme, maraña de cristal. Yo soy tu límite,
tus muñones sangrando entre las nubes.
No hay otro amor que el que de hueco se alimenta,
no hay más mirar que el que en la nada alza su imagen
    elegida.

I'm drawn toward the grain of daylight, toward the clear
    expression of the water's dance in the glass,
and blind to the city I rush the doors
under the orders vainly trying to shield you from this love,
I come out into your center in a dance of dry leaves, tongue
    of a whirlwind,
babbling from my soul to take you in and wipe you out.
Oh night, here comes daylight!

Shadows again,
again from outside I give you form,
clothed, alone, open.
There you are freed;
I look at you from here, so low and overturned.
But I get up and resist:
sleep, thicket of glass. I'm your boundary,
your stumps bleeding in the clouds.
There's no other love than the one that feeds on emptiness,
there's no other look than the one that raises its chosen
    image into the void.

EL INTERROGADOR

No pregunto por las glorias ni las nieves,
quiero saber dónde se van juntando las golondrinas muertas,
adónde van las cajas de fósforos usadas.
Por grande que sea el mundo
hay los recortes de uñas, las pelusas,
los sobres fatigados, las pestañas que caen.
¿Adónde van las nieblas, la borra del café,
los almanaques de otro tiempo?

Pregunto por la nada que nos mueve;
en esos cementerios conjeturo
que crece poco a poco el miedo,
y que allí empolla el Roc.

THE INTERROGATOR

I don't ask after the glories or the snows,
I want to know where all the dead swallows gather,
where all the empty matchboxes go.
However huge the world may be
there are still fingernail clippings, lint,
worn-out envelopes, fallen eyelashes.
Where does the fog go, the coffee grounds,
the out-of-date almanacs?

I ask on account of the nothingness that moves us;
out in those cemeteries I expect
fear builds up a little at a time,
and out of that is hatched the Roc.

POEMA

Empapado de abejas,
en el viento asediado de vacío
vivo como una rama,
y en medio de enemigos sonrientes
mis manos tejen la leyenda,
crean el mundo espléndido,
esta vela tendida.

POEM

Awash with bees
in the wind besieged by emptiness
I live like a branch
and amid grinning enemies
my hands weave the legend
invent the dazzling world
this sail unfurled

MASACCIO

Así la luz lo sigue mansa,
y él que halló su raíz y le dio el agua
urde con sus semillas el verano.

I

Un oscuro secreto amor, una antigua noticia
por nadie confirmada, que sola continúa y pesa;
el vino hace su tiempo, la distancia se puebla
de construcciones memorables.

Por las calles va Masaccio con un trébol en la boca,
la vida gira, es esa manzana que le ofrece una mujer,
los niños y los carros resonantes. Es el sol sobre Firenze
pisando tejas y pretiles.

Edificio mental, ¿cómo crecer para alzarte a tu término?
Las cosas están ahí, pero lo que se quiere no está nunca,
es la palabra que falta, el perro que huye con la cadena,
y esa campana próxima no es la campana de tu iglesia.

Bosque de sombra, la luz te circundaba con su engaño
dulce, un fácil puente sobre el tiempo.
Torvamente la echabas a la calle para volverte a las capillas
solo con tu certeza. Alguna vez
le abrirías las puertas verdaderas, y un incendio

MASACCIO

And so light trails behind him tamely,
and he who found its root and gave it water
weaves the summer with its seeds.

I

A dark and secret love, a bit of ancient news
confirmed by no one, which goes on heavily alone;
the wine takes its time, the distance is peopled
with memorable constructions.

Masaccio roams the streets with a spear of clover in his mouth,
life wheels, it's that apple a woman offers him,
the children and the clattering carts. It's the sun over Florence
treading roof tiles and bridge rails.

Building in the mind, how to raise you to realization?
Things are there, but what's desired never is,
it's the missing word, the dog running off with the chain,
and that nearby bell is not your church's bell.

Shadowy woods, the light surrounds you with its sweet
deception, an easy bridge across time.
You tossed it stormily into the street to return to the chapels
alone with your certainty. One day
you'd fling wide the true doors, and a blaze

de oro y plumajes correría sobre los ojos. Pero aún no era
    hora.

Así va, lleno de jugos ácidos, mirando en torno
la realidad que inesperada salta en los portales
y se llama gozne, paño, hierba, espera.

Está seguro en su inseguridad, desnudo
de silencio. Lo que sabe es poco pero pesa
como los higos secos en el bolso del pobre.
Sabe signos lejanos, olvidados mensajes que esperan
en paredes ya no favorecidas; su fe es una linterna
alzándose en las bóvedas para mostrar, humosa,
estigmas, una tunica, un abrazo maldito.

Vuelve y contempla y odia su amor que de rodillas bebe
en esa fuente abandonada. Otros
pasan sonriendo sus visiones
y alas celestes danzan un apoyo para la clara mano.
Masaccio está solo, en las capillas solas,
eligiendo las tramas del revés en el lodazal de un cielo de
    mendigo,
olvidado de saludar, con un pan
sobre el andamio, con un cuenco de agua,
y todo por hacer contra tanto sueño.

En lo adentro del día, en esa lumbre
que hace estallar lo más oscuro de las cosas, busca;

of gold and plumage would dazzle your eyes. But it wasn't
    yet time.

And so he goes on, full of acidic juices, looking around
at reality leaping unexpected in the arcades
and called hinge, cloth, grass, waiting.

He is secure in his insecurity, naked
with silence. What he knows is little but it weighs,
like the dried figs in a poor man's purse.
He understands faraway signs, forgotten messages waiting
on walls no longer favored; his faith is a lantern
raised in the vaults to reveal, through smoke,
stigmata, a tunic, a cursed embrace.

He returns and considers and hates his love kneeling to drink
from that abandoned spring. Others
pass by smiling their visions
and heavenly wings dance their assistance for the lucid hand.
Masaccio is alone, in the lonely chapels,
selecting the patterns sketched inside out in the mud of a
    beggar's sky,
forgetting to offer a greeting, with a loaf of bread
on the scaffold, with a bowl of water,
and everything to do against so much sleep.

Deep inside the day, in that light
which makes the darkest things explode, he searches;

no es bastante aclarar; que la blancura
sostenga entre las manos un martirio,
y sólo entonces, inefable, sea.

II
La escondida
figura que ronda entre las naves
y mueve el agua de las pilas.

Entre oraciones ajenas y pálidos sermones
eso empezaba a desgajarse. El soportaba
inmóvil, oyendo croar los grajos en los campaniles,
irse el sol arrastrando los últimos oficios. Solo,
con el incienso pegado a la ropa, un gusto a pan
y ceniza. Traían luces.
Cuando salía andaban ya las guardias.

Pintar sin cielo un cielo, sin azul el azul.
Color, astuta flauta! Por la sombra
ir a ellos, confirmándolos. La sombra
que antecede al color y lo anonada. En las naves,
de noche, veía hundirse el artificio,
confundidos los cuerpos y los gestos en una misma podre
de aire; su quieto corazón soñó
un orden nocturno donde el ángel
sobreviviera.

it's not enough to clarify; the whiteness
must hold a martyrdom in its hands
and only then, ineffable, can it exist.

II

*The hidden
figure moving among the naves
and stirring the water in the fonts.*

Between strange prayers and pallid sermons
something was starting to break away. He endured
unmoving, hearing the crows croaking in the bell towers,
the sun going down dragging the last offices. Alone,
with incense clinging to his clothes, a taste of bread
and ashes. Lights were brought.
When he went out the guards were on patrol.

To paint the sky without the sky, blue without the benefit of
    blue.
Color, what a shrewd flute! To get to them
through darkness, confirming them. Darkness
which precedes color and annihilates it. In the naves,
at night, he saw artifice sinking,
bodies and expressions muddled in a single rotting
air; his quiet heart dreamed
of a nocturnal order where the angel
might survive.

Pintó el pago del tributo con la seguridad del que golpea;
estaba bien esa violencia contenida
que estallaría en algún pecho, vaina
lanzando lejos la semilla.
Un frío de pasión lo desnudaba; así nació
la imagen del que aguarda el bautismo con un gesto aterido,
aspersión de infinito contra la rueda de los días
reteniéndolo aún del lado de la tierra.

Un tiempo predatorio levantaba pendones y cadalsos;
sobrevenían voces, el eco
de incendios, desentierros y poemas.
Los mármoles tornaban más puros de su sueño,
y manuscritos con razones
y órdenes del mundo. En los mercados
se escuchaba volver las fábulas dormidas; el aceite
y el ajo eran Ulises. Masaccio iba contento a las tabernas,
su boca aliaba el ardor del pescado y la cebolla
con un eco de aromas abaciales, mordía
en la manzana fresca el grito de la condenación,
a la sombra de un árbol de vino que fue sangre.

De ese desgarramiento hizo un encuentro,
y Cristo pudo ser de nuevo Orfeo, un ebrio

He painted the tribute money with the certainty of someone
    hammering;
that contained violence
exploding in some chest
was good, the husk throwing the seed far out.
A passionate chill stripped him naked; and so was born
the image of one who awaits the baptism with a numb
    expression,
a sprinkling of the infinite into the turning days
still holding it hard against the earth.

A predatory time raised banners, built scaffolds;
then came voices, echoes
of conflagrations, unearthings and poems.
Out of his dreams the sculptures turned more pure,
and manuscripts with reasons
and worldly orders. In the markets
the dormant fables could be heard returning; olive oil
and garlic were Ulysses. Masaccio went happily into the
    taverns,
his mouth joined the ardor of the fish and the onion
with an echo of abbatial aromas, he bit
into a fresh apple and heard the cry of condemnation,
in the shade of a wine tree dripping blood.

From that ripping-open an encounter occurred,
and Christ could be Orpheus again, a drunken

pastor de altura. Ahora entrañaba fuerza
elemental; por eso su morir requería violencia,
verde agonía, peso de la cabeza que se aplasta crujiendo
sobre un torso de cruel sobrevivencia.
Pintó sus hombros con la profundidad del mar y no del cielo,
necesitado de un obstáculo, de un viento en contra
que los probara y definiera y acabara.

Después le cupo a él la muerte,
y la aceptó como el pan y la paga,
distraído, mirando otra cosa
que tampoco veía. El alba estaba cerca,
la vuelta de la luz legítima. ¡Cuántos oros y azules esperando!
Frente a los cubos donde templaría esa alborada
Masaccio oyó decir su nombre.

Se fue, y ya amanecía
Piero della Francesca.

shepherd from the highlands. Now elemental strength
was buried deep within; that's why his dying demanded
    violence,
green agony, the weight of his head crushed crackling
above a cruelly surviving torso.
He painted his shoulders with the depth of the sea not the
    sky,
needing an obstacle, a wind against which
he might test and define and finish them.

Then death came to get him,
and he accepted her like bread and pay,
distracted, looking at something else
he couldn't see. Dawn was near,
return of legitimate light. How many waiting golds and
    blues!
Facing the buckets where he'd blend that sunrise
Masaccio heard his name called.

He left, and now arose
Piero della Francesca.

ESTELA EN UNA ENCRUCIJADA

Los mármoles que tanto amamos siguen ahí
en los museos Vaticanos, y las tablas
temblorosas de vírgenes y de ángeles, Duccio de
    Buoninsegna,
Ambrogio Lorenzetti, y los trajes a rayas de los duomos
y junto al Arno sigue Santa María della Spina, todo sigue
en Urbino, en Perugia, en San Sepolcro, en Siena.
Tú los verás acaso una vez más
y yo también acaso una vez más
en tiempos diferentes, sin compartir ese segundo
siempre nuevo y distinto de detenerse frente a un
    Donatello
y sin hablar, perdidos en la contemplación, saber
que el otro estaba al lado, que después sería el diálogo,
el acuerdo o la pugna o las razones
y sobre todo ese calor por dentro, esa felicidad de los
    museos
y después bajo el sol, comiendo en pobres *trattorías*,
o en nuestro cuarto miserable, lavándonos por turno junto
    al fuego,
mientras las voces retomaban un acorde del Giotto, un
    sesgo
de Francesco Laurana, y rehacíamos

STELE AT A CROSSROADS

The marble sculptures we love so much still stand there
in the Vatican museums, and the trembling
tableaux of virgins and of angels, Duccio de Buoninsegna,
Ambrogio Lorenzetti, and the striped dresses of the
    duomos
and next to the Arno Santa Maria della Spina's still
    standing, it's all still there
in Urbino, in Perugia, in San Sepolcro, in Siena.
You'll see them possibly one more time
and I too possibly one more time
some other time, not sharing that always new
and special second of pausing in front of a Donatello
not speaking, lost in thought, knowing
the other was at our side, that later there'd be talk,
agreement or disagreement or debate
and more than anything that inner warmth, that museum
    happiness
and later out in the sun, eating in little trattorias
or in our fleabag room, taking turns washing in front of the
    fire,
while our voices recalled one of Giotto's harmonies, a
    certain slant
of Francesco Laurana, and we recreated

en un aire común, en un contacto de eternidad precaria,
ya en la orilla del sueño, una sonrisa del Angélico,
los azules de Piero, los pardos de Masaccio.
Fuimos todo eso juntos; sólo quedan
nuestros ojos a solas en el polvo del tiempo.

Agosto de 1968

in a common air, in touch with a precarious eternity,
just on the edge of sleep, one of Angelico's smiles,
the blues of Piero, Masaccio's darks.
We were all that together; what remains
is our eyes alone in the dust of time.

August 1968

La mayoría de lo que sigue no viene de papeles sueltos sino de un mimeógrafo que compré de ocasión en los años 56 en París, aprovechando un remate de la Unesco, y que me permitió fabricar en casa pequeñas ediciones privadas. Era un viejo Gestetner manual cuyo tambor se entintaba con gran profusión de salpicaduras, pero cuando le tomé la mano, digamos la manija, hacía copias muy bonitas que yo abrochaba pulcramente y guardaba en un armario, razón por el cual casi nadie se enteró de su existencia aparte de una que otra laucha.

La primera edición que produje contenía los poemas de *Razones de la cólera,* escritos en rápida sucesión al término de mi primer viaje a Europa en el 49 y el regreso a la Argentina a bordo del vivaz motoscafo *Anna C.* Mis incompatibilidades en materia multitudinaria, el hecho de no poder evitar el cordial acoso de trescientos emigrantes italianos que viajaban conmigo en un inmenso *camerone* situado por debajo de la línea de flotación, y el estado de ánimo nacido de mi primer contacto con Francia e Italia confrontándose a la idea de volver a mi oficina de traductor público en Buenos Aires, dio en unos pocos días esta secuencia de meopas que con-

Most of what follows comes not from loose papers but from a mimeograph I bought for a bargain in Paris in '56, taking advantage of a sale at UNESCO, and which enabled me to print at home small private editions. It was an old manual Gestetner whose cylinder inked itself with a great profusion of spatters, but once I learned how to handle its handle it made very pretty copies which I bound beautifully and kept in a closet, on account of which almost no one came to know of their existence, with the possible exception of some mice.

The first edition I produced contained the poems in *Rage's Reasons*, written in rapid succession at the end of my first trip to Europe in '49 and the return to Argentina on board the lively steamship *Anna C.* My incompatibilities in all manner of things, the fact that I couldn't avoid the friendly harassments of the three hundred Italian emigrants traveling with me in an enormous *camerone* situated below the water line, and my state of mind born of my first contact with France and Italy confronting the idea of returning to my office as a public translator in Buenos Aires, resulted within a few days in this sequence of meops which contained, without my

tenían, sin que yo lo supiera todavía, decisiones futuras en materia de vida personal. Hoy siento además en algunos de ellos el tremendo choque de la poesía de César Vallejo; que el cholo me perdone la insolencia puesto que en ese choque él quedaba más parado que nunca y yo esperando la cuenta de diez y la esponja mojada.

A la hora de optar aquí por algunos de esos pameos, me acuerdo de un pasaje del *Diario* de Boswell donde el doctor Johnson opina sobre un historiador que tendía a la prolijidad. "Yo le diría," decretó Johnson, "lo que un anciano profesor a su alumno: 'Lea por segunda vez sus composiciones, y allí donde encuentre un pasaje que le parezca especialmente bueno, suprímalo.'" A treinta años del *Anna C.* me creo capaz de suprimir lo que entonces me había parecido particularmente bueno. Tal vez debí dejar el arbitraje literario en manos amigas pero es algo que nunca me ha tentado, sin duda por nefanda vanidad; la única vez que lo intenté tímidamente en Buenos Aires, el amigo consultado me aconsejó destruir *El perseguidor*. No es una prueba de nada, pero uno se queda con sus dudas para el futuro.

knowing it yet, future decisions in matters of my personal life. Today I sense moreover in some of them the tremendous impact of the poetry of César Vallejo; may the cholo forgive me the insolence since from this collision he emerged more upright than ever and I down for the count awaiting the wet sponge.

As I now pick out a few of these peoms, I recall a passage from Boswell's *Diary* where Dr. Johnson observes of a historian who tended toward longwindedness: "I would tell him what an old professor said to his student: 'Read over your compositions, and wherever you meet with a passage which you think is particularly fine, strike it out.'" At thirty years' distance from the *Anna C.* I believe myself capable of striking out what then may have seemed to me particularly good. Perhaps I should leave such literary judgments in a friend's hands but that's something that has never tempted me, no doubt due to my own vile vanity; the only time I tried it, timidly in Buenos Aires, the friend I consulted advised me to destroy "The Pursuer." This proves nothing, but one remains with one's doubts in the future.

FAUNA Y FLORA DEL RIO

Este río sale del cielo y se acomoda para durar,
estira las sábanas basta el pescuezo y duerme
delante de nosotros que vamos y venimos.
El río de la plata es esto que de día
nos empapa de viento gelatina, y es
la renuncia al levante, porque el mundo
acaba con los farolitos de la costanera.

Más acá no discutas, lee estas cosas
preferentemente en el café, cielito de barajas,
refugiado del fuera, del otro día hábil,
rondado por los sueños, por la baba del río.
Casi no queda nada; sí, el amor vergonzoso
entrando en los buzones para llorar, o andando
solo por las esquinas (pero lo ven igual),
guardando sus objetos dulces, sus fotos y leontinas y
    pañuelitos
guardándolos en la región de la vergüenza,
la zona de bolsillo donde una pequeña noche murmura
entre pelusas y monedas.

Para algunos todo es igual, mas yo
no quiero a Rácing, no me gusta
la aspirina, resiento

THE RIVER'S FAUNA AND FLORA

This river comes out of the sky and makes itself at home,
it pulls the sheets up to its chin and falls asleep
in front of us who come and go.
The Río de la Plata is the one that soaks us
with gelatinous wind all day, and is
the renunciation of the East, because the world
stops with the streetlights on the riverfront.

Don't make a case, read these things
preferably in a café, little heaven of cards,
sheltered from out there, from another working day,
surrounded by dreams, by the drooling river.
There's almost nothing left—except for guilty love
slipped into mailboxes weeping, or strolling
alone on streetcorners (looks the same),
holding on to its keepsakes, its photos and watch chains and
    hankies,
hiding them in the zone of the dark secrets,
the place in the pocket with coins and lint
where a tiny night is rustling.

To some it's all the same, but I
don't root for Racing, I don't like
aspirin, I resent

211

la vuelta de los días, me deshago en esperas,
puteo algunas veces, y me dicen
qué le pasa, amigo,
viento norte, carajo.

the days' spinning, I'm falling apart waiting,
sometimes I just start swearing, and they say
what's with you, pal—
fucking north wind, that's what.

BLACKOUT

Si ves un perro cerca de una tumba
huye del helicóptero: ya nieva
la delicada muerte por trituración, asalto
del vacío, los ojos reventados porque así
es el cobalto, es el hidrógeno.
Soldadito de plomo, de chocolate, corre
a buscar un refugio: quién te dice
que el perro no te cede su casilla, son tan tontos los perros.
Y si no, está la tumba:
echa a patadas a ese muerto, abrígate
con lo que quede, trapos, tierra, huesos.
(No olvides nunca el Reader's Digest,
hace pasar el rato, es instructivo.)

BLACKOUT

If you see a dog close to a grave
steer clear of helicopters: it's snowing
the delicate death by grinding, emptiness
attack, your eyes exploded because that's how
cobalt, how hydrogen is.
Little lead soldier, chocolate soldier, run
and look for shelter: who can tell you
the dog won't give you his house, dogs are so dumb.
And if not, there's always the grave:
kick out that corpse, cover yourself
with whatever's left, rags, dirt, bones.
(And never forget the *Reader's Digest*,
it helps to pass the time, and it's educational.)

LA VISITA

Los amigos llegan, tocan el timbre, qué bueno verte,
y cómo el día, y echale otro cubito.

Los dos, los de los tiempos.
El esbelto de luna, moro triste,
y el de la nieve en forma de corazón.

Mis amigos andan por las cosas
con la felicidad en el pañuelo
pero no son felices, no tienen dónde caerse
   vivos, y
mañana será peor, por eso
Benny Goodman.

Y es cierto que mil pesos al mes te van embaldosando
la vereda y a todos
— pobre pastito arrancado, mastuerzo del verano —
les gusta andarle encima.

Caracol, caracol,
saca los cuernos al sol.

Y si esta oscuridad no los contiene a ambos
¿dónde encontrarme a mí? En mi matecito amargo,
en mi oficina San Martín y Corrientes.

THE VISIT

Friends arrive, ring the doorbell, good to see you,
how's it going, and throw in another ice cube.

The two of them, we go way back.
The slender moonlit one, so dark and sad,
and the snowy one shaped like a heart.

My friends amble through things
with handerchiefs full of happiness
but they're not happy, they don't have anyplace to drop
    alive, and
tomorrow will be worse, and therefore
Benny Goodman.

And it's true a thousand pesos a month will
tile your sidewalk and everyone
— poor torn-up grass, summer watercress —
likes to walk on that.

Ladybug, ladybug,
fly away home.

And if this darkness doesn't hold them both,
where will I find myself? In my bitter little *mate*,
in my office at San Martín and Corrientes.

217

SUEÑE SIN MIEDO, AMIGO

Poco le quedaría al corazón si le quitáramos su pobre
noche manual en la que juega a tener casa,
comida, agua caliente,
y cine los domingos.
Hay que dejarle la huertita donde cultiva sus legumbres;
ya le quitamos los ángeles, esas pinturas doradas,
y la mayoría de los libros que le gustaron,
y la satisfacción de las creencias.
Le cortamos el pelo del llanto,
las uñas del banquete, las pestañas del sueño,
lo hicimos duro, bien criollo,
y no lo comerá ni el gato
ni vendrán a buscarlo entre oraciones
las señoritas de la Acción Católica.
Así es nomás: sus duelos
no se despiden por tarjeta,
lo hicimos a imagen de su día y él lo
    sabe.

Todo está bien, pero dejarle un poco
de eso que sobra cuando nos atamos
los zapatos lustrados de cada día;
una placita con estrellas, lápices de colores,

DREAM ON FEARLESSLY, FRIEND

Our heart would have little left if we took away its poor
hand-held night where it plays at having a home,
food, hot water,
and a movie Sundays.
We have to leave it its little vegetable garden,
since we took away its angels, those gilded paintings,
and most of the books it liked,
and the satisfaction of believing in something.
We cut the hair of its grief,
trimmed the nails of its feasts, the eyelashes of its dreams,
we toughened it, made it good and funky,
so the cat won't eat it
and the ladies from Acción Católica
won't come looking for it in between prayers.
So that's that: its aches
won't even send a goodbye card,
we fashioned it in the image of its time and it knows as
    much.

Fair enough, but leave it a little
of what's left over when we tie
our well-shined everyday shoes;
a little starlit square, some colored pencils,

y ese gusto en bajarse a contemplar un sapo
   o un pastito
por nada, por el gusto,

a la hora exacta en que Hiroshima
o el gobierno de Bonn o la ofensiva
Viet Minh Viet Nam.

and that pleasure in stooping to get a good look at a toad
    or a blade of grass
for no reason, for the pleasure of it,

at precisely the moment of Hiroshima
or the government in Bonn
or the Viet Minh offensive
in Vietnam.

INFLACIÓN QUE MENTIRA

Los espejos son gratis
pero qué caro mirarse de verdad, y cómo
   verse
que no sea saludo a precio fijo
postal con la vista de la torre
inclinada.
Los perros rabiosos son gratis
por esas cosas nunca paga nada
en cambio este felipe   esta tacita
de tapioca   o el capuchino del amanecer
ticket seguro   cero ochenta y el servicio
quizá lo encuentre comprendido   quizá no.
El sol es gratis   y esta goma de lápiz
cero cincuenta   pague para destruir! Los gatos
son gratis   La viruela boba
los accidentes   el humito
que da prestigio a la locomotora de los maniseros.
Los eclipses son gratis   tan bonitos y los discursos
en la Plaza de Mayo. Una nación
que lo hace todo por sus hijos. Lea
la guía con el plano: dos cuarenta.
El amor es gratis   paga al final   o bien
le pagan (depende de la suerte o la corbata).

INFLATION LIES

Mirrors are free
but how costly to really look at yourself, and how to see
    yourself
without it being a pre-stamped postcard
greeting with a view of the leaning
tower.
Rabid dogs are free
you never pay a cent for those things
on the other hand this roll   this cup
of tapioca   or the morning cappuccino
price reliable   eighty cents plus tip
maybe included   maybe not.
The sun is free   and this eraser
fifty cents   pay to destroy!   Cats
are free   Chickenpox
accidents   the wisps of smoke
gracefully streaming from the peanut vendors' carts.
Eclipses are free   so pretty and the speeches
in the Plaza de Mayo.   A nation
that does everything for its children. Read
the guidebook with the map: two forty.
Love is free   you pay at the end   or okay
they pay you (depending on luck or your necktie).

Precios variables: Lin Yu Tang   Boca Júniors
usted lo ve   lo prueba   y se lo lleva.
La muerte es gratis. Una   dos   y tres
una cucharada para papá
y otra para mamá   así lindo el nene.

Various prices: Lin Yutang   Boca Juniors
you see it   you try it on   and you take it away.
Death is free.   One   two   and three
a spoonful for papa
and another for mama   and such a cute baby.

LA POLCA DEL ESPIANTE

El bandoneón, con tantos pliegues, ¿por qué un sonido
turbio masticado, ese silbido blando que no hace
darse vuelta al silencio?
Pobre máquina, cielito de nácar, túnel de amor
   para la rata,
no sé cómo decirte: cesa, desintégrate,
corazón postal tejido con engrudo
bajo camisas donde no estallará el árbol de la lluvia.
Respiración arrendable para muertos que vuelven,
apenas pocas manos te imponen razón
de durar. Me hablo a mí mismo, a la hora
de la funda, del baile estuvo espléndido,
tan familiar tan concurrido.

THE GETAWAY POLKA

The bandoneón, with so many folds, why such a turbid
chewy sound, that flaccid whistle that can't even get
silence's attention?
Wretched machine, little mother-of-pearl paradise, tunnel
    of love for rats,
I don't know how to say this: stop, fall apart,
postcard heart pasted together
under shirts where the rain tree won't let loose.
Rent-a-breath for the returning dead,
barely a handful of hands can give you reason
to go on. I'm talking to myself, at packing-up time,
the dance was terrific,
so friendly so well attended.

LA VUELTA AL PAGO

Yo entresueño, cuña entre cortinas, buzo de
    lavabos.
Encuentro cosas, qué hacerle, ocupaciones raras,
me parece entender de otra manera la sonata.

Ahora me despierto, y todavía
queda un saber, un tímido recuerdo. Pero del lado
del reloj, la nada
para que te mires la nariz, las cejas cosa a cosa,
y te recompongas si puedes con el goce
de entrar una vez más en los zapatos, el chaleco.
¡Qué bueno, qué-igual-a-ayer,
qué bien me quedan! (Y todavía ese sueño, eso
así tan blando tan adentro tan no olvido,

pero ese ser tan yo y no serlo más,
apenas día, apenas otra vez café, mi nombre y las
    noticias
del exterior del exterior del exterior.)

RETURN TRIP

I'm half-in-the-dream, a wedge between curtains, a diver in
    washbasins.
I meet things, what to make of it, strange occupations,
I seem to have found a new way to understand the sonata.

Now I'm awake, and some knowledge
lingers, some timid memory. But from the clock's
viewpoint, a void
and so you inspect your nose, your eyebrows hair by hair,
and you reassemble yourself if you can with the pleasure
of slipping back into your shoes, your vest.
How nice, how-just-like-yesterday,
they fit so well! (And still that dream, that
so soft so inward so unforgotten,

that being so myself but not anymore,
barely daylight, barely the coffee again, my name and the
    news
from outside from outside from outside.)

En un antiguo Buenos Aires donde habíamos vivido y escrito en la incertidumbre, abiertos a todo por falta — o desconocimiento — de asideros reales, las mitologías abarcaban no sólo a los dioses y a los bestiarios fabulosos sino a poetas que invadían como dioses o unicornios nuestras vidas porosas, para bien y para mal, las ráfagas numinosas en el pampero de los años treinta/cuarenta/cincuenta: García Lorca, Eliot, Neruda, Rilke, Hölderlin,

y esta enumeración sorprendería a un europeo incapaz de aprehender una disponibilidad que maleaba lenguas y tiempos en una misma operación de maravilla, Lubicz-Milosz, Vallejo, Cocteau, Huidobro, Valéry, Cernuda, Michaux, Ungaretti, Alberti, Wallace Stevens, todo al azar de originales, traducciones, amigos viajeros, periódicos, cursos, teléfonos árabes, estéticas efímeras. Las huellas de todo eso son tan reconocibles en cualquier antología de esos años, y por supuesto aquí.

In an old Buenos Aires where we had lived and written in uncertainty, open to everything for lack — or ignorance — of anything real to hold on to, our mythologies encompassed not only the gods and the fabulous bestiaries but poets who, for better and for worse, invaded our porous lives like gods and unicorns, the numinous lightning-flashes on the pampa-dweller of the thirties/forties/fifties: García Lorca, Eliot, Neruda, Rilke, Hölderlin,

and this list might surprise a European incapable of understanding a disposition given to mixing pure languages and times into a single act of wonder, Lubicz-Milosz, Vallejo, Cocteau, Huidobro, Valéry, Cernuda, Michaux, Ungaretti, Alberti, Wallace Stevens, all by way of originals, translations, traveling friends, newspapers, courses, grapevines, ephemeral esthetics. Traces of all these are easily identifiable in any anthology of those years, and of course here.

Poco antes o después de irme murió en Buenos Aires un joven
poeta que era amigo de cafés, de rápidas entradas y salidas,
misterioso y claro a la vez bajo un chambergo de ala baja, con
una cara que recuerdo italiana, renacentista, oliva, una voz
como de muy atrás, de muy adentro.

VIAJE APLAZADO

In memoriam Mario Albano

Al costado del río, con la cabeza al viento,
cubierto de irrisión y escondida ternura,
ceñido en esa dura juventud por donde entra la luna,
denunciando, exigiendo,
pequeño juez, pequeño juez, los vivos siguen!

Nunca un intercesor
ni el entender vicario,
nunca calcomanías ni postales.
El encuentro sin cita, la verdad reclamada,
boca contra la boca, agua y sed una misma
manzana inalcanzada.

(No hay tregua, y el perdón
como una flor se corta con los labios;

Shortly before or after I left there died in Buenos Aires a young poet who was a friend from the cafés, a fellow of rapid entrances and exits, mysterious and straightforward at the same time under a Shomberg hat with the brim cocked low, with a face I recall as Italian, a Renaissance face, olive-skinned, and a voice as if coming from far behind him, from deep inside.

JOURNEY DEFERRED

In memoriam Mario Albano

Alongside the river, head to the wind,
full of derision and hidden tenderness,
wrapped in that hard youth moonlight leaks through,
denouncing, demanding,
little critic, little judge, the living follow.

Never one to mediate
nor offer an ersatz understanding,
never a reproduction or a postcard.
The unplanned meeting, the truth reclaimed,
mouth against mouth, water and thirst a single
unattained apple.

(No relief in sight, and your lips
cut off forgiveness like a flower;

la mano palpa el día
terriblemente breve,
la hermosura que avanza envuelta en trapos,
y la necesidad de sonreir
cae hacia adentro como un despeñarse.)

En Buenos Aires, capital del miedo,
urgiste la cruzada
tejiéndote una cota que no sintió latir tu corazón
donde—sí, créeme—se hubieran agolpado las lluvias y los
    días,
las mujeres y el precio de las cosas,
y que quebró sin fraude, anónimo,
sin ser casi noticia.

Te vimos reclutar jinetes de salida,
te vimos ordenar bastimentos de viaje.

Te lo deben, muchacho.
La imperfección se cumple rigurosa.

*Tiempos de escarnio, de exasperación que acabó metiéndose en
la escritura, dislocándola, haciendo de ella una ráfaga
indiscriminada donde se mezclaban slogans comerciales*

your hand feels each day
sensing its terrible brevity,
beauty advancing wrapped in rags,
and the need to smile
falls inward like someone jumping off a cliff.)

In Buenos Aires, capital of fear,
you pushed for a crusade
weaving yourself a coat of armor that couldn't feel the
    beating of your heart
where—take my word for it—the rains and the days would
    have pounded,
women and the price of things,
and which broke with integrity, anonymous,
without hardly being news.

We saw you recruiting riders for departure,
we saw you assembling provisions for the journey.

They owe you, kid.
The only certainty is imperfection.

> *Times of mockery, of exasperation that ended up thrown into*
> *acts of writing, letting it loose, making it into an indiscriminate*

("*Cubana sello verde*") y Vallejo, ya lo dije, su oscurísima trama, y lo cotidiano, es decir lo vomitado, lo resentido, lo para siempre insoportable.

barrage mixing commercial slogans ("Cubana sello verde") and Vallejo, as I said before, his darkest of obscure densities, and the everyday, which is to say the vomited, the resented, the forever insufferable.

LA MARCHA DEL TIEMPO

Además me desplaza los centros,
me achaparra el alma
este calor sin fuego, esta moneda sin dinero,
los retratos que cuelgan de las caras,
los botines vacíos entrando en los tranvías.

Cosas de cielo tiradas en los rincones
no me consuelan ya,
porque no se es feliz con no ser desgraciado,
no se vuelve a domingo desde martes.

Preguntas y respuestas,
cubana sello verde,
hoy tocó pero tan bien la pianista
a beneficio de los hijos de los ahogados,
una mujer vendía pastelitos en la Plaza de Mayo;
observe que digo día hábil.

Métase en cintura, ciudadano,
vote porque las nubes se levanten
y los pajaritos canten,
medite la miel que se acepta vómito,
el perro que devora el vómito,

TIME MARCHES ON

And knocks me off balance besides,
stunts my soul
this fireless heat, this worthless cash,
the portraits hanging from faces,
the empty shoes boarding the streetcars.

Things from the sky thrown down in corners
don't console me,
because not being messed-up doesn't mean you're happy,
you can't get back to Sunday by way of Tuesday.

Questions and answers,
cubana sello verde,
how well the pianist played today
to benefit the children of the drowned,
a woman sold pastries in the Plaza de Mayo;
look I'm saying a normal day.

Get a grip, citizen,
vote on account of the clouds could be getting up
and the little birds could sing,
consider honey coexists with vomit,
the dog that laps up the vomit,

el vómito que sufre de haber sido sopa y vino
y mírelo tirado boca arriba.

Todo me jode, pero las cosas crecerán
al modo de la sangre en los termómetros,
y por qué hacerme caso: otros esperan

importantes, y aquí te quiero ver:
¡Ciudadano! ¿De qué color
era el caballo blanco de San Martín?

the vomit that suffers having been soup and wine
and look at it thrown down face up.

Everything fucks me, but things will go on growing
the same way blood does in thermometers,
and why make a big deal: others are waiting,

important people, and here's where I want to see you:
Citizen! What color
was the white horse of San Martín?

BACKGROUND

Tierra de atrás, literalmente.

Todo vino siempre de la noche, *background* inescapable, madre de mis criaturas diurnas. Mi solo psicoanálisis posible debería cumplirse en la oscuridad, entre las dos y las cuatro de la madrugada — hora impensable para los especialistas. Pero yo sí, yo puedo hacerlo a mediodía y exorcizar a pleno sol los íncubos, de la única manera eficaz: diciéndolos.

Curioso que para decir los íncubos haya tenido que acallarlos a la hora en que vienen al teatro del insomnio. Otras leyes rigen la inmensa casa de aire negro, las fiestas de larvas y empusas, los cómplices de una memoria acorralada por la luz y los reclamos del día y que sólo vuelca sus terciopelos manchados de moho en el escenario de la duermevela. Pasivo, espectador atado a su butaca de sábanas y almohadas, incapaz de toda voluntad de rechazo o de asimilación, de palabra fijadora. Pero después será el día, *cámara clara*. Después podremos revelar y fijar. No ya lo mismo, pero la fotografía de la escritura es como la fotografía de las cosas: siempre algo diferente para así, a veces, ser lo mismo.

Presencia, ocurrencia de mi *mandala* en las altas noches desnudas, las noches desolladas, allí donde otras veces conté

BACKGROUND

Literally, the ground in back.

Everything always came out of the night, inescapable *background*, mother of my daylight creatures. My only possible psychoanalysis would have to be done in the dark, between two and four in the morning — an unthinkable hour for specialists. But yes, I can do it at noon and exorcize my nightmares in full sun, the only way that works: by telling them.

Funny how in order to tell my nightmares I've had to keep them muzzled at the time they arrive for the theater of insomnia. Other laws govern that huge house of black air, the festivities of demonic spirits, accomplices of a memory spooked by light and the claims of daytime and which only turns back its moldy velvet on the stage of sleeplessness. Passive, a spectator strapped to its seat of pillows and sheets, totally helpless to accept or reject, to fix anything in words. But later there'll be daylight, *camera lucida*. Later we can develop and fix. The photography of writing isn't quite the same but it's a little like the photography of things: something that's always different in order, sometimes, to be the same.

The presence, the appearance of my *mandala* in the high naked nights, the flayed nights, there where at other times I

corderitos o recorrí escaleras de cifras, de múltiplos y décadas y palindromas y acrósticos, huésped involuntario de las noches que se niegan a estar solas. Manos de inevitable rumbo me han hecho entrar en torbellinos de tiempo, de caras, en el baile de muertos y vivos confundiéndose en una misma fiebre fría mientras lacayos invisibles dan paso a nuevas máscaras y guardan las puertas contra el sueño, contra el único enemigo eficaz de la noche triunfante.

Luché, claro, nadie se entrega así sin apelar a los armas del olvido, a estúpidos corderos saltando una valla, a números de cuatro cifras que disminuirán de siete en siete hasta llegar a cero o recomenzarán si la cuenta no es justa. Quizá vencí alguna vez o la noche fue magnánima; casi siempre tuve que abrir los ojos a la ceniza de un amanecer, buscar una bata fría y ver llegar la fatiga anterior a todo esfuerzo, el sabor a pizarra de un día interminable. No sé vivir sin cansancio, sin dormir; no sé por qué la noche odia mi sueño y lo combate, murciélagos afrontados sobre mi cuerpo desnudo. He inventado cientos de recursos mnemotécnicos, las farmacias me conocen demasiado y también el Chivas Regal. Tal vez no merecía mi mandala, tal vez por eso tardó en llegar. No lo busqué jamás, cómo buscar otro vacío en el vacío; no fue parte de mis lúgubres juegos de defensa, vino como vienen los pájaros a una ventana, una noche estuvo ahí y hubo una pausa irónica, un decirme que entre dos figuras de exhumación o nostalgia se interponía

counted sheep or ran through scales of numbers, of multiples and decades and palindromes and acrostics, an involuntary guest of nights that refused to remain alone. Hands set on some inevitable course have thrown me into whirlwinds of time, of faces, in a dance of the dead and the living mixed up in a single chilly fever while invisible lackeys usher in new masks and guard the doors against sleep, against the only effective enemy of the triumphant night.

I put up a fight, of course, no one surrenders just like that without an appeal to the weapons of forgetting, to stupid sheep jumping a fence, to four-digit numbers that diminish by sevens until they arrive at zero or begin again if the count doesn't come out right. Maybe sometimes I won or night was magnanimous; I almost always had to open my eyes to the ashes of dawn, look for a cold robe and see all my old fatigue pointlessly returning, the slatelike taste of an interminable day. I don't know how to live without getting tired, without sleeping; I don't know why night hates my sleep and attacks it, bats hovering face to face above my naked body. I've invented hundreds of mnemonic techniques, pharmacies know me all too well and so does Chivas Regal. Maybe I didn't deserve my mandala, maybe that's why it took so long to arrive. I never went looking for it, as if you could look for another emptiness inside emptiness; it wasn't a part of my gloomy attempts at self-defense, it came the way birds just come to a window, one night it was there and there was a

una amable construcción geométrica, otro recuerdo por una vez inofensivo, diagrama regresando de viejas lecturas místicas, de grimorios medievales, de un tantrismo de aficionado, de alguna alfombra iniciática vista en los mercados de Jaipur o de Benarés. Cuántas veces rostros limados por el tiempo o habitaciones de una breve felicidad de infancia se habían dado por un instante, reconstruidos en el escenario fosforescente de los ojos cerrados, para ceder paso a cualquier construcción geométrica nacida de esas luces inciertas que giran su verde o su púrpura antes de ceder paso a una nueva invención de esa nada siempre más tangible que la vaga penumbra en la ventana. No lo rechacé como rechazaba tantas caras, tantos cuerpos que me devolvían a la rememoración o a la culpa, a veces a la dicha todavía más penosa en su imposibilidad. Lo dejé estar, en la caja morada de mis ojos cerrados lo vi muy cerca, inmóvil en su forma definida, no lo reconocí como reconocía tantas formas del recuerdo, tantos recuerdos de formas, no hice nada por alejarlo con un brusco aletazo de los párpados, un giro en la cama buscando una región más fresca de la almohada. Lo dejé estar aunque hubiera podido destruirlo, lo miré como no miraba las otras criaturas de la noche, le di acaso una sustancia primera, una urdimbre diferente o creí darle lo que ya tenía; algo indecible lo tendió ante mí como una fábrica diferente, un hijo de mi enemiga y a la vez mío, un telón musgoso entre las fiestas sepulcrales y su recurrente testigo.

pause, ironic, a telling-myself which between two exhumed or nostalgified figures interposed a friendly geometrical construction, another memory, harmless for a change, a diagram returned from old mystical readings, from medieval witchcraft manuals, from some sort of amateur tantrism, some initiate's carpet glimpsed in the markets of Jaipur or Benares. How often faces polished by time or the rooms of some brief childhood happiness had been given for just an instant, reconstructed in the phosphorescent setting of my closed eyes, only to give way to a geometrical construction born from those changing lights which spin their green or their purple before giving way to a new invention of that nothingness always more tangible than the vague penumbra at the window. I didn't reject it the way I rejected so many faces, so many bodies that gave me back to remembrance or to guilt, at times to a happiness all the more painful for being impossible. I let it stay, in the purple case of my closed eyes I watched it closely, motionless in its definite form, I didn't remember it the way I remembered so many forms of memory, so many memories of forms, I did nothing to frighten it off with a sudden fluttering of the eyelids, a turning in bed in search of a cooler part of the pillow. I let it be, even though I could have destroyed it, I regarded it as I'd never regarded night's other creatures, I gave it perhaps a primal substance, a different warp, or believed I was giving it what it already had; something inexpressible hung it before me like a different kind of fabrication, my enemy's child and at

Desde esa noche mi mandala acude a mi llamado apenas se encienden las primeras luces de la farándula, y aunque el sueño no venga con él y su presencia dure un tiempo que no sabría medir, detrás queda la noche desnuda y rabiosa mordiendo en esa tela invulnerable, luchando por rasgarla y poner de este lado los primeros visitantes, los previsibles y por eso más horribles secuencias de la dicha muerta, de un árbol en flor en el atardecer de un verano argentino, de la sonrisa de una mujer que vive una vida ya para siempre vedada a mi ternura, de un muerto que jugó conmigo sus últimos juegos de cartas sobre una sábana de hospital.

Mi mandala es eso, un simplísimo mandala que nace acaso de una combinación imaginaria de elementos, tiene la forma ovalada del recinto de mis ojos cerrados, lo cubre sin dejar espacios, en un primer plano vertical que reposa mi visión. Ni siquiera su fondo se distingue del color entre morado y púrpura que fue siempre el color del insomnio, el teatro de los desentierros y las autopsias de la memoria; se lo diría de un terciopelo mate en el que se inscriben dos triángulos entrecruzados como en tanto pentáculo de hechicería. En el rombo que define la oposición de sus líneas anaranjadas hay un ojo que me mire sin mirarme, nunca he tenido que devolverle la mirada aunque su pupila esté clavada en mí; un ojo como el *Udyat* de los egipcios, el iris intensamente verde y la pupila blanca como yeso, sin pestañas ni párpados, perfectamente plano, trazado sobre la tela viva por un pincel

the same time mine, a mossy curtain between the sepulchral festivities and their recurrent witness.

Ever since that night my mandala comes when I call, as soon as the show's first lights come up, and even though sleep does not come with it and its presence lasts an amount of time I wouldn't know how to measure, behind it the naked rabid night remains, biting that nightproof cloth, trying to scratch its way through and insinuate the first visitors, the foreseeable and therefore all the more horrible sequences of dead happiness, a tree in flower in the evening of an Argentinian summer, the smile of a woman who lives a life forever off limits to my tenderness, a dead man who played his last card games with me on the sheet of his hospital bed.

My mandala is just that, a simple mandala born perhaps from an imaginary combination of elements, it has an oval form that matches the shape of my closed eyes, which it covers snugly, in a foreground vertical plane where my vision rests. Not even its background can be distinguished from that color between dark violet and purple which was always the color of insomnia, the theater of the unearthings and the autopsies of memory; you could call it a dull velvet where two crossed triangles are inscribed as in any pentacle of witchcraft. In the rhombus which defines the opposition of its orange lines there is an eye which watches me without looking, I've never had to return the look though its pupil is

que no pretende la imitación de un ojo. Puedo distraerme, mirar hacia la ventana o buscar el vaso de agua en la penumbra; puedo alejar a mi mandala con una simple flexión de la voluntad, o convocar una imagen elegida por mí contra la voluntad de la noche; me bastará la primera señal del contraataque, el deslizamiento de lo elegido hacia lo impuesto para que mi mandala vuelva a tenderse entre el asedio de la noche y mi recinto invulnerable. Nos quedaremos así, seremos eso, y el sueño llegará desde su puerta invisible, borrándonos en ese instante que nadie ha podido nunca conocer.

Es entonces cuando empezará la verdadera sumersión, la que acato porque la sé de veras mía y no el turbio producto de la fatiga diurna y del *eyo*. Mi mandala separa la servidumbre de la revelación, la duermevela revanchista de los mensajes raigales. La noche onírica es mi verdadera noche; como en el insomnio, nada puedo hacer para impedir ese flujo que invade y somete, pero los sueños *sueños son*, sin que la conciencia pueda escogerlos, mientras que la parafernalia del insomnio juega turbiamente con las culpabilidades de la vigilia, las propone en una interminable ceremonia masoquista. Mi mandala separa las torpezas del insomnio del puro territorio que tiende sus puentes de contacto; y si lo llamo mandala es por eso, porque toda entrega a un mandala abre paso a una totalidad sin mediaciones, nos entrega a nosotros mismos, nos devuelve a lo que no alcanzamos a ser antes o

locked on me; an eye like the Egyptians' *Utchat*, the iris intensely green and the pupil white as chalk, with neither lids nor lashes, perfectly flat, traced on the live fabric by a brush that isn't trying to depict an eye. I can distract myself, look toward the window or reach for a glass of water in semi-darkness; I can remove my mandala with a simple flick of the will, or call up an image that I select against the will of night; the first sign of counterattack will be enough for me to slide the chosen image in front of the imposed one so that my mandala comes back to hang itself between night's assault and my invulnerable space. We'll remain this way, and that's how we'll be, and sleep will arrive through its invisible door, erasing us in that instant no one has ever been able to know.

It's then that the real submersion begins, the one I respect because I know it is truly mine and not the murky product of my everyday tiredness and the *it*. My mandala separates servitude from revelation, revanchist sleeplessness from rooted messages. Oneiric night is my true night; as in insomnia, there's nothing I can do to impede that flow which invades and subdues, but the dreams *are dreams*, without consciousness being able to choose them, whereas insomnia's paraphernalia plays murkily with the guilts of wakefulness, brings them forth in an interminable masochistic ritual. My mandala separates the awkwardnesses of insomnia from the pure terrain that spreads its connective bridges; and if I call it a mandala, that's why, because everything in a mandala

después. Sé que los sueños pueden traerme el horror como la delicia, llevarme al descubrimiento o extraviarme en un laberinto sin término; pero también sé que soy lo que sueño y que sueño lo que soy. Despierto, sólo me conozco a medias, y el insomnio juega turbiamente con ese conocimiento envuelto en ilusiones; mi mandala me ayuda a caer en mí mismo, a colgar la conciencia allí donde colgué mi ropa al acostarme.

Si hablo de eso es porque al despertar arrastro conmigo jirones de sueños pidiendo escritura, y porque desde siempre he sabido que esa escritura — poemas, cuentos, novelas — era la sola fijación que me ha sido dada para no disolverme en ése que bebe su café matinal y sale a la calle para empezar un nuevo día. Nada tengo en contra de mi vida diurna, pero no es por ella que escribo. Desde muy temprano pasé de la escritura a la vida, del sueño a la vigilia. La vida aprovisiona los sueños pero los sueños devuelven la moneda profunda de la vida. En todo caso así es como siempre busqué o acepté hacer frente a mi trabajo diurno de escritura, de fijación que es también reconstitución. Así ha ido naciendo todo esto.

opens into an unmediated wholeness, it delivers us to our selves, it returns us to what we can never manage to be before or after. I know that dreams can bring me horror just as likely as pleasure, can sweep me into discovery or lead me into an inescapable labyrinth; but I also know that I am what I dream and that I dream what I am. Awake, I only half know myself, and insomnia plays tricks on that illusion-confused consciousness; my mandala helps me fall into my self, hanging my consciousness up where I hung my clothes when I went to bed.

If I speak of all this it's because when I wake I drag with me shreds of dreams that beg to be written, and because I've always known that writing — poems, stories, novels — was the only fixation given to me to keep me from dissolving in that person who drinks his morning coffee and goes out into the street to start a new day. I have nothing against my daytime life, but it's not for it that I write. From very early on I passed from writing into living, from dreams to waking. Life provides the dreams but dreams return the deeper currency of life. In any case that's how I've always sought or agreed to face my daily job of writing, of fixation which is also re-creation. And that's how all of this came to be born.

EL ENCUBRIDOR

Ese que sale de su país porque tiene miedo,
no sabe de qué, miedo del queso con ratón,
de la cuerda entre los locos, de la espuma en la sopa.
Entonces quiere cambiarse como una figurita,
el pelo que antes se alambraba con gomina
     y espejo
lo suelta en jopo, se abre la camisa, muda
de costumbres, de vinos y de idioma.
Se da cuenta, infeliz, que va tirando mejor, y duerme
a pata ancha. Hasta de estilo cambia, y tiene
     amigos
que no saben su historia provinciana, ridícula y
     casera.

A ratos se pregunta cómo pudo esperar todo
     ese tiempo
para salirse del río sin orillas, de los cuellos garrote,
de los domingos, lunes, martes, miércoles y
     jueves.
A fojas uno, sí, pero cuidado:
un mismo espejo es todos los espejos,
y el pasaporte dice que naciste y que eres

THE PRETENDER

The one who leaves his country because he's afraid,
he isn't sure of what — the mouse in the cheese,
the rope amid the mad, the scum on the soup.
Then he tries to swap himself like a trading card,
the hair he used to plaster in place with pomade in front of
    the mirror
he lets fall over his forehead, he unbuttons his shirt, switches
customs, wines and language.
He realizes, the wretch, that he's doing okay, and sleeps
like a pussycat. He even changes his style, and he makes
    friends
who know nothing of his ridiculously domestic provincial
    history.

Every so often he asks himself how he could have waited
    so long
to leave the shoreless river, the strangling collars,
the Sundays, Mondays, Tuesdays, Wednesdays and
    Thursdays.
A clean slate, sure, but careful:
one mirror is every mirror,
and the passport says you were born and you are

y cutis color blanco, nariz de dorso recto,
Buenos Aires, septiembre.

Aparte que no olvida, porque es arte de pocos,
lo que quiso, esa sopa de
    estrellas y de letras
que infatigable comerá
en numerosas mesas de variados hoteles,
la misma sopa, pobre tipo,
hasta que el pescadito intercostal se plante y diga
basta.

and white skin, straight-backed nose,
Buenos Aires, September.

He brushes off the fact that he can't forget,
because that's an art few master, what he wanted:
that alphabet soup with stars
which he'll tirelessly sip
at countless tables in various hotels,
the very same soup, poor kid,
till the little fish in his ribcage takes a stand and says
enough.